Monika Hofmann / Veronika Kreß / Gabriele Siegel

Treffpunkt Krabbelgruppe

W0089005

Monika Hofmann / Veronika Kreß / Gabriele Siegel

Treffpunkt
Krabbelgruppe

Eine Ideenbörse
für Eltern mit kleinen Kindern

Kösel

ISBN 3-466-30465-2
© by Kösel-Verlag GmbH & Co., München
Printed in Germany. Alle Rechte vorbehalten
Druck und Bindung: J.P. Himmer GmbH & Co. KG, Augsburg
Umschlag: Elisabeth Petersen, München
Umschlagmotiv: Ursula Markus, Zürich

1 2 3 4 5 · 02 01 00 99 98

Inhalt

Alles rund um Gründung und Organisation von Eltern-Kind-Gruppen

Ideenbörse

Dank

Wir freuen uns, dass aus unserer Arbeit mit jungen Familien dieses Buch entstehen konnte. Wir denken dabei gerne an die Familien, die uns in unseren verschiedenen Eltern-Kind-Gruppen, bei Familienfreizeiten, in der musikalischen Früherziehung und bei Fortbildungen begegnet sind und unseren Erfahrungsschatz bereichert haben.

Besonderer Dank gilt unseren eigenen Familien, die zunächst unser Engagement im Eltern-Kind-Bereich begründet und die unser Projekt, ein Buch zu schreiben, unterstützt haben.

Herzlich bedanken wir uns bei unseren Kindern Christina, Elisabeth, Eva Maria, Jakob, Johanna, Manuel, Simon, Theresa und Thomas für ihre Bilder und Zeichnungen, die in diesem Buch abgedruckt sind, und für all ihre Anregungen, die uns vieles wieder neu haben entdecken lassen.

Lieber Dietmar, lieber Joe, lieber Jürgen, danke für's Babysitten, Arbeiten am PC, Korrekturlesen und ... und ... und.

Schön, wenn es im Bekanntenkreis gute Fachleute gibt: Reinhard Werber hat für uns alle Lieder neu gesetzt und Beate Kißlinger hat einen Teil der Fotos für dieses Buch gemacht. Vielen Dank!

Alles rund um Organisation und Gestaltung von Eltern-Kind-Gruppen

Erst mal vorne weg: Die Einleitung

Wer wir sind und was wir mit diesem Buch wollen ...

Nach der Geburt des ersten Kindes stellten wir unabhängig voneinander fest: Wir freuen uns und sind dankbar, ein gesundes Kind zu haben; wir sind neugierig, was die Zukunft für dieses Kind und uns bereithält. Gleichzeitig hat sich unser Leben stark verändert:

- Aus der Zweier-Beziehung »Partnerschaft« wurde eine Familie mit ganz neuen Aufgaben und Anforderungen, stark beeinflusst von den Bedürfnissen und Entwicklungsschritten unseres Kindes.
- Wäscheberge und Windeleimer bestimmten den Alltag – wir wurden unflexibel.
- Gesprächsthemen rund um Geburt und Kind bzw. die Erziehung standen plötzlich im Vordergrund.
- Bisweilen fiel uns die Decke auf den Kopf.
- Kontakte zu Freunden und ehemaligen Kollegen konnten nicht mehr so gut gepflegt werden.

Was tun in dieser Situation? Wir wussten bald: Austausch tut Not – ein Treffpunkt mit anderen Eltern und Kindern muss her! So entstand die Idee zu einer Eltern-Kind Gruppe ...

Mit Fantasie und großem Engagement haben wir in unseren Wohnorten (in einer ländlich geprägten Gegend) Eltern-Kind-Gruppen initiiert und geleitet und konnten feststellen, dass dieses Angebot von anderen Eltern begeistert angenommen wurde.
Jede von uns hat drei Kinder. So haben wir viel Zeit gehabt, Erfahrungen zu Hause und in den Eltern-Kind-Gruppen zu sammeln. Unsere Kinder sind mittlerweile den »Kleinkind-Schuhen« entwachsen, unsere positiven Erfahrungen wollen wir mit diesem Buch an andere Eltern, an Sie, weitergeben:

- Wir wollen anderen Müttern bzw. Eltern Mut machen, eine Eltern-Kind-Gruppe in ihrer Gemeinde zu gründen oder sich in einer bestehenden Gruppe zu engagieren.

- Das Buch bietet Menschen, die mit einer Eltern-Kind-Gruppe beginnen, und anderen, die sich fragen, wie es mit ihrer Gruppe weitergehen soll, zahlreiche und konkrete Anregungen.
- Darüber hinaus möchte dieses Buch das Bewusstsein für den Wert dieser Arbeit stärken.

Haben Sie Mut, den ersten Schritt in Richtung Eltern-Kind-Gruppe zu wagen. Machen Sie mit! Und lassen Sie sich anregen von der umfangreichen Ideenbörse im zweiten Teil des Buches ...

Was heißt hier Eltern-Kind-Gruppe?

Eltern- Kind-Gruppe   **Tanzen - Turnen - Toben**

Spielkreis für Eltern und Kinder

Miniclub   **Minitreff**   *Krabbelgruppe*

Stillgruppe   **Mutter - Kind - Gruppe**

Die Schlümpfe   **Die Wassermäuse**

Wie Sie sehen, gibt es viele Bezeichnungen für Eltern-Kind-Gruppen ... Und das ist sicher nur eine Auswahl ...

Eltern und Kinder treffen sich in thematisch freien Gruppen, aber auch regelmäßig zu bestimmten Aktivitäten (zum Beispiel zum Turnen und Singen). Schön, dass Eltern-Kind-Arbeit so vielfältig sein kann!

Wir greifen in unserem Buch auf die Bezeichnung *Eltern-Kind-Gruppe* zurück, weil sie auf die meisten Gruppen zutrifft, auch wenn sie sich in Organisationsform und Ausprägung teilweise sehr voneinander unterscheiden.

Wer?

Es gibt Gruppen, an denen Kinder ähnlichen Alters teilnehmen (beispielsweise in Stillgruppen), oder altersgemischte Gruppen, in denen Kinder vom Säugling bis zu etwa vier Jahren willkommen sind. Besuchen Kinder unterschiedlichen Alters die Eltern-Kind-Gruppe, bietet dies jüngeren Kindern die Möglichkeit, ältere nachzuahmen und von ihnen zu lernen (Modellfunktion der älteren Kinder). Außerdem lernen die Älteren, auf jüngere Kinder Rücksicht zu nehmen, dies wiederum trägt sicherlich zu ihrer sozialen Entwicklung bei. Kommen Kinder gleichen Alters in die Gruppe, erleichtert dies andererseits sehr die Beschäftigung mit den Kindern, da sie in ihrer Entwicklung etwa den gleichen Stand aufweisen.

Wie viele?

Primär ist die Gruppengröße vom Alter der Kinder abhängig: Hier gilt, je jünger die Kinder, desto vorteilhafter ist eine kleinere, überschaubare Gruppe.

Auch die Größe des Raumes spielt eine wesentliche Rolle: Es sollte genügend Bewegungsfreiheit für die motorischen Bedürfnisse der Kinder bestehen.

Wie oft?

Die Treffen finden regelmäßig statt, meist einmal pro Woche oder in kleineren Gemeinden auch vierzehntägig. Diese Regelmäßigkeit ist wichtig, damit die Kinder mit der Gruppensituation vertraut werden.

Wann?

Ein Vormittagstermin hat den Vorteil, dass sich ältere Geschwister zu diesem Zeitpunkt im Kindergarten oder in der Schule befinden und die »Miniclub-Kinder« in der Regel ausgeschlafen und gut gelaunt zur Eltern-Kind-Gruppe kommen. Ein Nachmittagstermin hat für viele Hausfrauen und -männer den Vorteil, dass die Hausarbeiten erledigt sind und Berufstätige nach der Arbeit noch zur Gruppe stoßen können. Ein Samstagstermin eignet sich gut für Aktionen und Unternehmungen mit der ganzen Familie (für einen Ausflug, zum Picknick ...).

Wo?

Es gibt Gruppen, die sich privat (teilweise reihum) treffen. Hier ist aber die Kapazität der Räume meist sehr begrenzt. Deshalb bietet es sich an, in so genannten »öffentlichen Räumen« zusammenzukommen. Dies kann in den Kirchengemeinden das Gemeindehaus sein. Familienbildungsstätten wiederum sind in besonderer Weise darauf ausgerichtet; auch Volkshochschulen verfügen oft über geeignete Räumlichkeiten. Teilweise haben Gruppen auch die Möglichkeit, in kommunalen Einrichtungen, in Schulen oder auch in Kindergärten Platz zu finden.

Wie?

Sehr unterschiedlich sind auch die Organisationsformen, die uns bei Eltern-Kind-Gruppen begegnen: Gruppenangebote von Familienbildungsstätten oder auch von Volkshochschulen verfügen über eine qualifizierte Leitung und finanzieren sich teilweise über einen festen Teilnehmerbeitrag. Daneben begegnet man selbst organisierten Gruppen, die sich unabhängig von einem Träger gebildet haben und sich beispielsweise einen Raum mieten.

Alternativ dazu gibt es auch selbst organisierte Gruppen, die sich im Rahmen von Kirchengemeinden treffen und hier eine Anbindung haben: Der Raum wird ihnen zur Verfügung gestellt, teilweise erfahren sie finanzielle Unterstützung und sie erscheinen in der Öffentlichkeitsarbeit als Gruppe der Kirchengemeinde.

Wie sich die Zusammenarbeit zwischen Gruppe und dem so genannten »Träger« gestaltet, ist sehr unterschiedlich und immer stark von den einzelnen Personen und der jeweiligen Situation abhängig.

Mit unserem Buch wollen wir vor allem Eltern in selbst organisierten Gruppen eine Hilfe sein, da wir hauptsächlich mit dieser Organisationsform Erfahrungen gesammelt haben und dies sicher immer wieder anklingt.

Wir möchten selbst organisierte Gruppen informieren und stärken, da wir aus eigener Erfahrung wissen, dass diese oft wenig inhaltliche Unterstützung bekommen.

Im Blickpunkt: Die junge Familie mit Kindern bis zu vier Jahren

Die Lebenssituation

Mit der Geburt eines Kindes verändert sich die Paarbeziehung der Eltern – sie erweitert sich zur Familie, einer Dreier-Gruppe. Das Kind ist zunächst rundum auf Zuwendung, Wärme und Versorgung angewiesen. Es lernt Schritt für Schritt das Leben in der Familie und darüber hinaus das Leben in unserer Gesellschaft kennen (Primärsozialisation).

Meist leben Eltern und Kinder in der Kernfamilie bzw. Kleinfamilie beieinander. Die Großfamilie ist heute eine Ausnahme. In der Kernfamilie sind die einzelnen Mitglieder abhängiger voneinander. Oft gibt die Frau nach der Geburt des ersten Kindes ihre Berufstätigkeit auf, da in unserer Gesellschaft zu wenig geeignete Angebote existieren, die es Eltern ermöglichen, gleichberechtigt einer Beschäftigung nachzugehen und die Kinder gut versorgt zu wissen. Kleinkind und Beruf lassen sich meist schwer miteinander vereinbaren.

Familien nehmen in der Regel ein geringeres Einkommen (nur ein Verdiener), höhere Lebenshaltungskosten (größere Wohnung, größeres Auto, Ausstattung und Ausbildung der Kinder usw.) und darüber hinaus auch eine geringere Altersversorgung in Kauf, um Kinder großzuziehen. Dabei sind die Höhe des Familieneinkommens, die Größe und Qualität der Wohnung und die Wertschätzung, die man einer Familie entgegenbringt, Faktoren, die sich auf die Lebensqualität auswirken und großen Einfluss auf die Zufriedenheit des Einzelnen haben.

Unsere Gesellschaft zeigt sich wenig kinderfreundlich: Kinder sind zu laut, zu unruhig, bei Vermietungen unerwünscht ...

Eine familienfreundliche Gesellschaft würde die Entscheidung zum Kind erleichtern.

Funktionen und Aufgaben einer Familie

In der Familie werden die einzelnen Mitglieder mit den lebensnotwendigen Gütern versorgt und ihre Grundbedürfnisse befriedigt. Die Gestaltung der Freizeit nimmt in Familien großen Raum ein.

Familien können Spannungen, die zum Beispiel im Beruf auftreten, oft ausgleichen. Sie können das Selbstwertgefühl der Einzelnen stärken.

Die Familie ist zuständig für die Erziehung der Kinder: Schritt für Schritt lernen sie das Leben in der Familie mit seinen Regeln kennen und machen Bekanntschaft mit den Werten und Normen, die in unserer Gesellschaft herrschen. Während sich die Kinder in der Rolle der Lernenden befinden, übernehmen die Eltern die Rolle der Lehrenden.

Optimale Bedingungen sind gegeben, wenn Kinder verlässliche Bezugspersonen haben, die ihnen Wärme und Zuwendung geben, und sie genügend Anregungen sensorischer und sozialer Art bekommen.

Eltern prägen Interessen und Wertorientierungen ihrer Kinder und üben somit Einfluss auf ihre spätere Entwicklung aus.

Familien sorgen mit ihren heranwachsenden Kindern für den Erhalt der Gesellschaft. Deshalb sollte es der Gesellschaft ein Anliegen sein, Familien zu unterstützen und zu schützen.

Probleme und Defizite

Es liegt in der Natur der Kleinfamilie, dass sie nur in einem begrenzten Umfang dem wachsenden Bedürfnis heranwachsender Kinder nach neuen Spiel- und Erfahrungsräumen und weiteren sozialen Kontakten nachkommen kann. Die Kernfamilie gibt den Eltern und speziell dem nicht berufstätigen Erwachsenen wenig Möglichkeiten zu Austausch und Entlastung, da die Großfamilie und das unterstützende soziale Umfeld fehlen. Darüber hinaus erzeugt ein verwirrendes Überangebot an Erziehungsratschlägen bei den Eltern leicht Unsicherheit und Orientierungsprobleme. Eltern fühlen sich hier nicht selten überfordert und mit ihren Fragen und Problemen allein gelassen. Über beide Ohren mit Kind und Haushalt beschäftigt geht oft der Blick über »den eigenen Tellerrand« hinaus verloren.

Ein Lichtblick in dieser Situation kann die Eltern-Kind-Gruppe sein!

»Allein erziehend«

Das ursprüngliche Familienbild von Vater-Mutter-Kind bröckelt immer mehr. Der Familienbegriff weitet sich aufgrund verschiedener gesellschaftlicher Entwicklungen aus. Es ist von einer Patchwork-Familie die Rede und es gibt Lebensgemeinschaften, die sich zum Beispiel aus »Mutter-Großmutter-Kind« oder »Vater mit Kind und Freundin mit Kind« oder

»Vater und Kind« bzw. »Mutter und Kind« zusammensetzen, in der eine oder einer allein die Erziehung übernimmt. Seien wir offen für verschiedenste Gemeinschaftsformen – um der Kinder und um der Menschen willen!

Wenn es Ihnen gelingt, gehen Sie offen und unkompliziert mit dem Thema »allein Erziehende« um. Laut Statistik werden es immer mehr – auch oder gerade sie brauchen eine Gruppe, eine Gemeinschaft, einen Halt mit ihren Kindern.

Lauter gute Gründe für eine Eltern-Kind-Gruppe

Für Mütter und Väter

- Kontakt zu anderen Frauen/Männern in gleicher Lebenssituation knüpfen
- Gezielt Zeit für das Kind haben
- Mit anderen Müttern Probleme austauschen
- Fingerspiele und Lieder kennen lernen
- Über Erziehungsfragen sprechen
- Gemeinschaft erleben
- Nach dem »Mutterschock« (Familienalltag mit allem, was dazu gehört) wieder in die »Öffentlichkeit« treten
- Gemeinsame Freizeit gestalten – über die Krabbelgruppe hinaus

- Einen Vergleich haben: Wie gehen andere Mütter/Väter mit ihren Kindern um?
- Ideen gemeinsam verwirklichen
- Mit anderen Erwachsenen und Kindern spielen
- In Gesellschaft Kaffee oder Tee trinken
- Kontakt für Neuzugezogene erleichtern
- Zukünftige Kindergarteneltern kennen lernen
- Ein regelmäßiges, verbindliches, engagiertes Treffen, das auch Rückmeldungen und Reflexionen ermöglicht, anbieten bzw. erleben

Für die Kinder

- Mit anderen Kindern Gemeinschaft erleben
- Zukünftige Kindergartenkinder kennen lernen
- Zugehörigkeit zu einer Gruppe erfahren
- Anderes Spielzeug ausprobieren
- Gezielt singen, spielen, teilen lernen
- Mit Gleichaltrigen zusammen sein
- Erstes Loslösen von der Mutter ausprobieren
- Dinge kennen lernen, die zu Hause nicht getan werden
- Freunde finden – über die Gruppe hinaus
- Gemeinsam Brotzeit machen
- Kontakt zu anderen Erwachsenen haben
- Von Gott hören

Für Kirchengemeinden

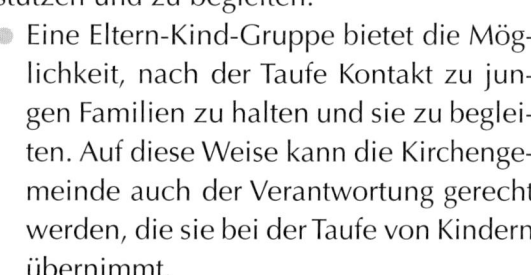

Auch für Kirchengemeinden gibt es gute Gründe, Räume für eine Eltern-Kind-Gruppe zur Verfügung zu stellen und die Gruppe eventuell auch finanziell zu unterstützen und zu begleiten.

- Eine Eltern-Kind-Gruppe bietet die Möglichkeit, nach der Taufe Kontakt zu jungen Familien zu halten und sie zu begleiten. Auf diese Weise kann die Kirchengemeinde auch der Verantwortung gerecht werden, die sie bei der Taufe von Kindern übernimmt.
- Junge Familien werden dabei in ihrer Befindlichkeit, mit ihren Bedürfnissen und Wünschen (zum Beispiel nach Austausch und einem Treffpunkt) ernst genommen. Dabei steht nicht die Verkündigung im Vordergrund, sondern eine ganzheitliche Sichtweise, die den ganzen Menschen mit seinen Interessen und Bedürfnissen im Blick hat.
- Durch die Eltern-Kind-Gruppe werden Erwachsene etwa im Alter zwischen 20 und 35 Jahren angesprochen, eine Gruppe von Menschen, die in der Regel bei kirchlichen Veranstaltungen weniger auftaucht.
- Eine Eltern-Kind-Gruppe kann ein wichtiger Baustein im Gemeindeaufbau sein: Kinder werden nach der Taufe nicht für

mehrere Jahre aus den Augen verloren und Eltern werden begleitet.

- Eine Gruppe für Eltern und Kinder spricht auch Menschen an, die der Kirche distanzierter gegenüberstehen, und kann eine Brücke zur Gemeinde darstellen.
- Besuchen Familien die Eltern-Kind-Gruppe einer Kirchengemeinde, haben sie Kontakt zur Institution Kirche und lassen sich häufig auch von anderen Angeboten ansprechen. Ein adäquates religiös geprägtes Angebot für junge Familien ist ein Krabbelgottesdienst.
- Eine Eltern-Kind-Gruppe trägt insgesamt zu einer familienfreundlichen Gemeindestruktur bei.

Es liegt in der Verantwortung der Gemeinde, ihre Wertschätzung gegenüber Kindern und Familien zu zeigen! Oft genügt es schon, einen Raum für den Treffpunkt zur Verfügung zu stellen – betroffene Eltern engagieren sich meist gerne und mit großem Elan und sie sind Fachleute in Bezug auf ihre eigenen Kinder. Finanzielle Unterstützung, wohlwollendes Interesse und darüber hinaus Begleitung der ehrenamtlichen Arbeit und das Ermöglichen von Fortbildungen tragen

gewiss zum Gelingen einer Gruppe bei. Da kommt Leben in die Gemeinde!

Auch **kommunale Träger** haben gute Gründe, eine Eltern-Kind-Gruppe zu unterstützen!

- Familien zu zeigen, dass man an sie denkt und sie wichtig nimmt, »ist immer gut«!
- In Wohnorten, in denen man sich um junge Familien bemüht, wird die Möglichkeit, eine »Eltern-Kind-Gruppe« anzubieten bzw. zu unterstützen, gerne in die Tat umgesetzt – sei es über das Bildungsprogramm der Volkshochschule oder über das Jugendreferat.
- Häufig wechseln Familien mit der Geburt ihres ersten Kindes ihre Wohnung. Über erste Kontakte mit anderen Familien in der Gruppe finden Neuzugezogene schnell aus ihrer Isolation heraus und fühlen sich bald wohl im Ort.

Hier können kommunale Träger ihre Chance wahrnehmen, zumindest einen kleinen Schritt auf dem Weg zu einer familienfreundlichen Gesellschaft zu wagen ...

Das ganze Drumherum: Rahmenbedingungen und Grundlagen

Wenn Sie auch nur einen (!) guten Grund für eine Eltern-Kind-Gruppe haben, packen Sie es an: Gründen Sie eine Gruppe! Andere Frauen, die weniger Mut haben oder keine Hilfe bekommen, werden es Ihnen danken.

Verbündete suchen

- Unter den Müttern und Vätern mit kleinen Kindern
- Bei potenziellen Kontaktpersonen am Wohnort – in der kirchlichen und politischen Gemeinde, bei Wohlfahrtsverbänden o. Ä.

Haben Sie den Mut, Leute anzusprechen und auf Ihre Situation und Ihr Anliegen hinzuweisen. Sie werden sehen, es entstehen viele Kontakte, die hilfreich für die Eltern-Kind-Arbeit sein werden.

Da viele Eltern-Kind-Gruppen in kirchlichen Räumen stattfinden und unsere Erfahrungen vorwiegend auf der kirchlichen Eltern-Kind-Arbeit basieren, möchten wir auch hier den Weg über die Kirchengemeinde beschreiben.

Kontakt zur Kirchengemeinde

Kontakt zur Kirchengemeinde können Sie über Hauptamtliche und Kirchengremien aufnehmen. Vielleicht finden Sie einen jungen Elternteil im Kirchenvorstand oder Pfarrgemeinderat, der ein offenes Ohr für Ihr Anliegen hat, vom Zur-Verfügung-Stellen eines Raumes bis hin zur Einbindung einer Eltern-Kind-Gruppe in die Kirchengemeinde. Ein guter Kontakt zur Kirchengemeinde ist nicht nur für den Start, sondern auch für laufende Gruppen wichtig: Die Arbeit in den Gruppen wird für die Gemeinde transparent und findet mehr Akzeptanz – die Gruppen spüren das positive Interesse der Kirchengremien, das wiederum stärkt ihr Tun. Dies ist eine gelungene Voraussetzung für eine lebendige Gemeinde.

Argumentationshilfen zur Bedeutung der Eltern-Kind-Gruppen für eine Kirchengemeinde finden Sie hier in diesem Buch.

Immer öfter geht das Interesse an einer Eltern-Kind-Gruppe auch von Pfarrerinnen und Pfarrern oder anderen Hauptamtlichen in einer Kirchengemeinde aus. Dann fallen all Ihre Bemühungen auf fruchtbaren Boden und die weiteren Punkte können Ihnen als Orientierungs- und Planungshilfe dienen.

Raum und Ausstattung

Sicherlich ist ein eigener Eltern-Kind-Raum wünschenswert. Hier kann der Teppich für die Kinder liegen bleiben, die Spielsachen haben einen festen Platz und müssen nicht weggeräumt werden und der Raum wird nach und nach kreativ gestaltet und bekommt eine persönliche Note.

Vielleicht finden Sie einen nur sehr selten benutzten Raum im Pfarr- oder Gemeindehaus ... oder Sie haben die Möglichkeit, das Dachgeschoss als Eltern-Kind-Raum auszubauen ... oder Sie können bei der Planung eines Neubaus auf einen eigenen Raum hinwirken usw. Wenn Sie einen Raum mit mehreren Gruppen teilen müssen, ist ein eigener, abschließbarer Schrank notwendig. Schön ist es, wenn es im Haus einen Platz zum Wickeln, einen Toilettensitz und Windeleimer gibt.

Bei Bedarf kann mit Hilfe von handwerklich Begabten und einem geringen Aufwand auch das ganze Gemeindehaus kinderfreundlich gestaltet werden: durch eine Sicherung an Treppen, durch Steckdosensicherungen, Garderobenhaken in Kinderhöhe, Haustürschlösser, die zuschnappen, usw.

Materialien

... zu den Spielsachen

Hier überlegen Sie sich am besten mit anderen Eltern, was die Kinder gerne spielen, was in der Gruppe angeschafft werden soll (zum Beispiel weil die Familien zu Hause nicht darüber verfügen) und was von Kindergärten oder anderen Einrichtungen ab und zu ausgeliehen werden kann. Eventuell haben Sie nach einiger Zeit auch den Wunsch oder die Möglichkeit, Spielmaterial selbst zu machen. An dieser Stelle ein uns immer wieder wichtiges Anliegen: Machen Sie nicht zu viel, denn:

 *»Weniger ist mehr.«*

... zu dem Gestaltungsmaterial

Wir möchten Sie auf unsere Tipps zu Anschaffungen von verschiedenen Gestaltungsmaterialien (Farben, Papier, Hilfsmittel) in unserer Ideenbörse im zweiten Teil verweisen. Das Material wird bei Bedarf, also wenn's auf dem Programm steht, besorgt (zum Teil über Beziehungen zu Firmen, durch Spenden von Geschäften oder beim Kindergartenversand). Viele Geschäfte räumen einer Gruppe auch Rabatt ein. Es ist manchmal erstaunlich, wo die Sachen überall herkommen. Es muss nicht immer gleich alles neu gekauft werden ...

Wenn Sie auf die Suche gehen und überall erzählen, was Sie brauchen, tun sich manchmal ungeahnte Möglichkeiten auf. Es muss nicht von Anfang an alles da sein! Es ist empfehlenswert, sich mit der Zeit eine kleine Grundausstattung zuzulegen: Malerkittel, Plastikunterlagen, Papierreste und große Papierrollen, Pinsel, Wachsmalkreiden, Scheren ...

... zu den Organisationshilfen

Schaffen Sie sich einen Sammelordner an für Spielideen, Lieder, Fotos, kleine Berichte, Zeitungsausschnitte usw. Zum einen freuen Sie sich, wenn Sie alles »beieinander« haben. Zum anderen  brauchen Sie die einen oder anderen Daten und Informationen sicher einmal für eine Jubiläumsfeier, für eine Vorstellung der Gruppenarbeit in den entsprechenden Gremien usw. Also: aufschreiben, sammeln und abheften.

Vielleicht schaffen Sie sich auch nach und nach Bücher an für Ihre Arbeit in der Eltern-Kind-Gruppe: Bastelbücher, Bilderbücher, Meditations- und Yogabücher für Kinder usw. Oder es flattert Ihnen ein Fortbildungsprospekt ins Haus und Sie wollen die Ansprechpartnerin für die Arbeit mit jungen Familien einmal anrufen: abheften! Denken Sie auch an Ihre Nachfolgerin bzw. an Ihren Nachfolger.

Finanzen

Wenn Sie das kirchliche Gemeindeleben ein bisschen kennen, fällt Ihnen zum Stichwort »Finanzen« sicherlich auch gleich der erhobene Zeigefinger »sparen« ein. Ein fester Haushaltsbetrag pro Jahr für eine Eltern-Kind-Gruppe (den das leitende Kirchengremium beschließt) ist sehr wünschenswert, wird aber eher selten sein. Interessant ist es, dass in manchen Gemeinden die Eltern-Kind-Gruppen ein eigenes Konto und eine eigene Verantwortlichkeit über die Verwendung eines bestimmten Betrages haben, während in anderen Gemeinden in dieser Hinsicht überhaupt kein Spielraum ist und jeder Malstift beantragt, genehmigt, verauslagt und erstattet werden muss ...!

Wenn kein eigener Haushaltsbetrag pro Jahr zur Verfügung steht, gibt es aber sicherlich die Möglichkeit, bei einer ersten Grundausstattung und bei punktuellen Anschaffungen Zuschüsse von den Kirchengremien bewilligt zu bekommen.

Für die laufende Gruppenarbeit sind die meisten Gruppen finanziell selbständig: Sie sammeln für Unkosten wöchentlich oder monatlich einen festen oder freiwilligen Betrag ein. Zu Ostern oder Weihnachten wird Selbstgebasteltes oder -gebackenes nach dem Gottesdienst oder auf dem Markt verkauft. Oder es wird der Erlös eines selbst organisierten Secondhand-Basares für Anschaffungen in der Eltern-Kind-Arbeit ver-

wendet. Also: Selbst ist die Frau und selbst ist der Mann! Wie könnten Sie in Ihrer Gemeinde an Geld kommen?

Vielleicht fragen Sie auch einmal bei der Gemeinde- oder Stadtverwaltung, bei Banken oder großen Firmen an, ob sie eine gute Sache unterstützen wollen. Da tun sich manch ungeahnte Türen auf.

Bewusstsein für eine Sache wird (leider) oft über das Geld geschaffen. Über Ihre Gruppe wird sicherlich dann gesprochen, wenn zum Beispiel ein Zuschussantrag vorliegt. Also stellen Sie auch einen.

Übrigens: Als Ehrenamtliche (in Bayern) bekommen Sie Telefonkosten, Fahrtkosten, Materialien und sonstige Auslagen nach Absprache mit dem Hauptamtlichen (zum Beispiel dem Pfarrer oder der Pfarrerin) erstattet. In den Leitlinien für den Dienst, die Begleitung und die Fortbildung Ehrenamtlicher in der Evangelisch-Lutherischen Kirche in Bayern (1993 von der Landessynode in Günzburg verabschiedet) wurden umfangreiche Maßnahmen beschlossen, die Ehrenamtliche stärken und stützen sollen. Wie wird das bei Ihnen gehandhabt?

Die Eltern-Kind-Gruppen werden unter bestimmten Voraussetzungen als Erwachsenenbildung anerkannt. In einem solchen Fall bekommt die Kirchengemeinde über die Teilnehmerlehreinheiten der Gruppe Geld für weitere Erwachsenenbildung. Informieren Sie sich bei Ihrem örtlichen Bildungswerk.

Fortbildungen

Fortbildungen für Leiter und Leiterinnen von Eltern-Kind-Gruppen werden leider noch nicht flächendeckend angeboten. Aber es gibt sie! In Großstädten – meist von Erwachsenen-bildungswerken angeboten – finden Workshops und Kurse für die Organisation und Programmgestaltung statt. Aufgrund des Engagements einzelner Verantwortlicher, vor allem von Müttern (die mit Stillkindern oft stundenlang durch die Gegend fahren), werden Fortbildungsangebote zunehmend regionalisiert.

Wenn es in Ihrer Nähe keine Angebote gibt, fragen Sie in der nächst gelegenen Stadt nach, ob es einmal eine Impulsveranstaltung an Ihrem Wohnort geben kann. Eventuell organisiert das auch Ihre Kirchengemeinde (ökumenisch?)!

Wir haben in Bayern tolle Erfahrungen mit einer umfassenden und anspruchsvollen Fortbildung, einem Kompaktkurs *»Spielen-Reden-Mitgestalten – Grundlagen für die Eltern-Kind-Gruppen«* gemacht. Dieser Kurs wendet sich an Mütter, Väter und Interessierte, die in einer Eltern-Kind-Gruppe mitarbeiten, eine Gruppe gründen wollen, eine Gruppe leiten oder sich dafür interessieren. Entwickelt wurde er von Mitarbeitern und Mitarbeiterinnen aus verschiedenen Bildungswerken. Anfragen können gerichtet werden an:

> Evangelische Erwachsenenbildung
> in Bayern (AEEB)
> Postfach 1257/1258
> 82324 Tutzing
> Tel. 081 58/25 00-11

Fragen Sie doch einmal bei Ihrem örtlichen Bildungswerk oder bei Ihrer Landeskirche vor Ort nach ...

Aus einer von der Bayerischen und Westfälischen Kirche beim Sozialwissenschaftlichen Institut (SWI) der EKD in Auftrag gegebenen Studie zur Ehrenamtlichkeit geht hervor, dass sich die Voraussetzungen und das Gestalten eines Ehrenamts geändert haben (Quelle: Arbeitsmappe »Frauen und Ehrenamt« des Arbeitsbereichs Frauen in der Kirche, Postfach 200751, 80007 München). Für das Ehrenamt »Leiten einer Eltern-Kind-Gruppe« bedeutet das,

● dass Frauen nicht nur traditionell festgelegte Ehrenämter (Sammeln, Gemeindebrief austragen) übernehmen, sondern dass sie ein Ehrenamt auf Grund ihrer persönlichen Situation gestalten:
»Ich habe ein Kind und suche Kontakt zu anderen Eltern. Ich möchte eine Eltern-Kind-Gruppe gründen und eventuell leiten.«

Fortbildungen bieten die Möglichkeit, verschiedene Techniken auszuprobieren.

- dass Frauen ihr Ehrenamt gut und anspruchsvoll ausüben wollen:
  Sie suchen nach Möglichkeiten, sich zu informieren und fortzubilden.
- dass Frauen nach Möglichkeiten suchen, sich selbst weiterzubilden und zu qualifizieren:
  Durch Begleitung und durch Fortbildung in der Eltern-Kind-Arbeit werden Fähigkeiten erworben, die auch später nützlich sind, zum Beispiel in der Arbeit im Elternbeirat, in der Erwachsenenbildung, in der Frauen- und Familienarbeit.

 *Finden Sie sich hier wieder?*

Gruppenleitung

Es gibt sehr unterschiedlich organisierte Eltern-Kind-Gruppen.

- Als Angebot von Familienbildungsstätten und Volkshochschulen ist die Organisationsform vorgegeben: Eine Leiterin oder ein Leiter ist zuständig für die Gruppe und regelt in Absprache mit den Teilnehmern Fragen, Gruppenregeln usw.
- Wenn Frauen selbst aktiv werden und eine Gruppe initiieren, kommt es darauf an, ob sie in die Rolle der Leiterin schlüpfen wollen oder ob die so genannten »Leitungsfunktionen« auf mehrere Schultern verteilt werden (Team). In manchen Gruppen geht die Verantwortung auch reihum: Nach einem längeren Zeitraum wird die Leitungsfunktion an andere Gruppenmitglieder weitergegeben. Teilweise sprechen Gruppen auch davon, »keine Leitung zu haben« – wenn man aber gezielt nachfragt, trifft man auch hier auf Absprachen und gewisse Zuständigkeiten für bestimmte Aufgaben.

Unzufriedenheiten in Eltern-Kind-Gruppen rühren oft daher, dass Kompetenzen, Verantwortungsbereiche und auch Regeln mangelnd abgesprochen oder diese Funktionen nicht ausreichend ausgefüllt werden. Beispielsweise ärgert sich eine Frau maßlos darüber, dass sie immer die Letzte ist, die den Gruppenraum aufräumt ... Ihr Wunsch wäre es, dass sich weitere Gruppenmitglieder ver- antwortlich fühlen und sich engagieren – solche Wünsche und Erwartungen müssen besprochen und geklärt werden.

Aufgabenteilung

Es gibt eine Reihe von Aufgaben, die wahrgenommen werden sollten, damit das Miteinander in der Gruppe, die Organisation und die Kooperation mit einem Träger (so man ihn hat) gut klappen. Die folgenden Beispiele mögen Ihnen einen Anhaltspunkt geben.

Organisatorische Aufgaben,

die sich auf die Gestaltung des äußeren Rahmens und der Atmosphäre beziehen:

Wer hat den Schlüssel?
Wer kümmert sich um die Heizung?
Wer bereitet den Raum vor?
(Teppich ausrollen, Spielzeug bereitlegen, Sitzecke aufbauen ...)
Wer pflegt den Kontakt zum Träger?
(Zum Beispiel zu Verantwortlichen in der Kirchengemeinde)
Wer kümmert sich um die Werbung?
usw.

Aufgaben für Programm und Ablauf

Wer spricht die Programmplanung an?
Wer beendet die Freispielzeit?
Wer bereitet einen gemeinsamen Programmpunkt vor?
Wer besorgt benötigtes Material?
Wer kocht Kaffee, Tee?
Wer spült ab?
usw.

Soziale Aufgaben,

d.h. Pflege von Beziehungen und Kontakten:

Wer geht auf »Neue« zu, wenn sie zum ersten Mal die Gruppe besuchen?
Wer informiert »Neue« über die Gruppenregeln? Wer spricht Konflikte an? usw.

Diese Aufgaben können kontinuierlich, aber auch reihum von einer Person oder einem Team wahrgenommen werden. Bestimmte Bereiche können von einer Leiterin oder einem Leiter einmalig für ein Treffen oder auf Dauer delegiert werden. Wichtig dabei ist, dass alle, man selbst und auch die Gruppenmitglieder, eine bestimmte Aufgabenverteilung akzeptieren.

 *Gibt es Unsicherheiten, Probleme, Unzufriedenheiten mit der Aufgabenverteilung, haben Sie den Mut, Wünsche und Erwartungen in der Gruppe auszusprechen, abzuwägen und auch Vereinbarungen zu treffen. Klare, von allen mitgetragene Absprachen bringen Sicherheit und tragen zu einer guten Atmosphäre bei.*

Gruppenregeln

Eine wichtige Rolle für den Ablauf der Gruppe spielen die so genannten »Gruppenregeln« – sie können auf die Organisation der Gruppe, auf den Umgang miteinander und auf die Zuständigkeiten im Ablauf eines Treffens bezogen sein.

Was wäre Ihnen persönlich wichtig? Welche Regel finden Sie unabdingbar – wo könnten Sie Kompromisse eingehen?

> **Tipp:**
> Ein Gespräch kommt schnell in Gang, wenn provokative Regeln eingebracht werden. (Zum Beispiel: »Wir möchten, dass alle Teilnehmer pünktlich um 9.00 Uhr eintreffen.«
> Oder: »Wir vereinbaren, dass Frau Maier immer abspült.«
> Oder: »Wir haben nichts dagegen, dass in unserer Gruppe geraucht wird.« usw.)

Auch für die Regeln gilt, dass sie in der Gruppe besprochen werden sollten und man sich auf ein paar wenige Grundregeln einigen sollte.

Eine Einhaltung der Regeln ist eher garantiert,
- wenn es nicht allzu viele Regeln sind und
- wenn alle hinter diesen Absprachen stehen.

Aufgabenteilung und Gruppenregeln sollten nach außen transparent sein. Zum Beispiel sollte der Träger wissen, wer sein Ansprechpartner bzw. seine Ansprechpartnerin in der Gruppe ist, und es gibt »Neuen« Sicherheit, wenn sie über die Regeln und Aufgabenverteilung Bescheid wissen.
Genauso sollte von Zeit zu Zeit überprüft werden, ob die Regeln noch sinnvoll sind und ob sie noch von allen Gruppenmitgliedern akzeptiert werden.

Eins nach dem andern: Bausteine eines Treffens

Babys und Kleinkinder gewinnen Vertrauen und Sicherheit durch sich ständig wiederholende Ereignisse. Da gehören die Rituale beim Zubettgehen genauso dazu wie das mit Spannung erwartete »Plumps« bei dem Kniereiter »Hoppe, hoppe, Reiter«. Auch wenn die Kinder nach jedem Spiel immer wieder »nochmal« rufen und ein und denselben Liedvers hundert Mal hören wollen, gehört das in die Kategorie: »Das kenne ich schon. Das gefällt mir. Das ist mir vertraut. Ich kann mich darauf verlassen, was kommt.« Immer wiederkehrende Abläufe und ständige Wiederholungen helfen den Kindern beim Entdecken ihrer Umwelt. Diesen Umstand können wir in der Eltern-Kind-Gruppe nutzen:

- Wir bleiben überwiegend in dem gleichen Raum.
- Wir treffen uns regelmäßig.
- Wir haben einen gleich bleibenden Ablauf mit bekannten Elementen.
- Wir verabschieden uns immer mit dem gleichen Lied.

Die Treffen könnten sich zum Beispiel aus folgenden Bausteinen zusammensetzen:

Eltern-Kind-Gruppe · Ankommen · Freispielzeit · Miteinander Essen und Trinken · Gemeinsames Programm · Aufräumen · Verabschieden

Die einzelnen Abschnitte und ihre Reihenfolge zwischen Ankommen und Verabschieden können unterschiedlich aussehen. Hier kommt es sicherlich darauf an,

● ob die Gruppe am Vor- oder Nachmittag stattfindet,
● ob eine gemeinsame Brotzeit gewünscht wird,
● ob alle pünktlich erscheinen und mit einem gemeinsamen Programm begonnen wird oder so nach und nach alle »eintröpfeln« und ein gemeinsames Programm erst zu einem späteren Zeitpunkt angeboten wird usw.

Wenn Sie einmal einen für Ihre Gruppe passenden Ablauf gefunden haben, ist es für die Kinder hilfreich, wenn Sie diesen Ablauf – aus den eingangs genannten Gründen – beibehalten.

Mit Babys und Kleinkindern ist es schwer, auf die Minute genau irgendwo zu sein. Darum spielt sich das Ankommen der einzelnen Mütter oder Väter mit ihren Kindern sicherlich in einer guten Viertelstunde ab. Schön ist es, wenn die Ankommenden persönlich begrüßt werden. Das tut den Erwachsenen und den Kindern gut. Das Baby zum Lachen gebracht, den lustigen Pullover des Kindes beachtet und eine liebevolle Auf-merksamkeit für die Mutter oder den Vater von einer – an diesem Tag oder immer – verantwortlichen Leitung ist nett und wichtig. Die Einzelnen können auch mit einem improvisierten Lied persönlich begrüßt werden, zum Beispiel: »Hallo, liebe Müllers – schön, dass ihr heute bei uns seid.«

Ein gemeinsames Lied für eine Vormittagsgruppe kann sein: »Guten Morgen, liebe Leute, sagt sind denn auch heute eure Hände schon wach, schaut lieber mal nach« (siehe Kapitel »Dauerbrenner«, S. 78).

Dann braucht das Kind vielleicht erst einmal die Mutter oder den Vater, um sich im Raum zurecht zu finden. An der sicheren Hand werden Spielmöglichkeiten erforscht oder andere Kinder und Erwachsene beäugt. Manche Kinder benötigen in der ersten Zeit den sicheren Schoß der Mama, andere stürzen gleich auf ihr Lieblingsspielzeug und die Mama ist so gut wie vergessen. Hier beginnt die

Die Freispielzeit dient zum »Warm werden« und Spielen:

● Kinder spielen allein
● Kinder spielen gemeinsam
● Kinder spielen mit eigenen Müttern oder Vätern
● Kinder spielen mit anderen Erwachsenen

Die Vorteile dieser Phase sind:

- Sie gibt den Kindern die Gelegenheit, mit der Situation »Miniclub« wieder warm zu werden.
- Untereinander können zwanglos Kontakte geknüpft werden.
- Die schrittweise Loslösung von Mutter/Vater und Kind kann erprobt werden.
- Sie gibt ihnen die Möglichkeit, neue Erfahrungen und Eindrücke zu sammeln und auch neue Fertigkeiten im Spiel einzuüben.
- Soziales Verhalten kann geübt und gefördert werden: zum Beispiel die Fähigkeit zu geben und zu nehmen.
- Kinder können erproben, wie sich Konflikte lösen lassen.

- Zwanglose Gespräche zwischen Müttern und Vätern können sich ergeben.

Diese Phase wird meist mit dem Einräumen der Spielsachen und/oder mit einem gemeinsamen Spielangebot oder einem gemeinsamen Imbiss beendet.

Will man die Aufmerksamkeit der Kinder und Erwachsenen für die Ankündigung eines gemeinsamen Programms oder für wichtige Botschaften bekommen, können

- ein Instrument (zum Beispiel eine Trommel, Triangel oder Flöte) oder
- eine Handpuppe (zum Beispiel der Kasperl, ein Rabe oder ein Bär) eine große Hilfe sein.

Der Rabe kräht: »Eins, zwei, drei, das Spielen ist vorbei« und bittet die Kinder und die Erwachsenen aufzuräumen und zum Tee bzw. Kaffee zu kommen.

Miteinander Essen und Trinken

Miteinander essen und trinken verbindet! Es gibt aber auch Gruppen, die bewusst auf ein gemeinsames Essen verzichten, weil einzelne Kinder eine Lebensmittelunverträglichkeit haben oder weil das einmal wöchentliche Kuchenbacken zu mühsam war. Hier gibt es die unterschiedlichsten Organisationsformen. Wie würden Sie entscheiden?

- Wir backen abwechselnd einen Kuchen für alle und richten eine schöne Kaffee- oder Teetafel her.
- Jede und jeder von uns bringt für die Kinder selbst eine Brotzeit mit, und der Kaffee wird im Gemeindehaus bzw. Pfarrsaal gekocht.
- Für Brotzeit ist keine Zeit – es gibt nur Getränke!
- Die Frauen aus dem Frauenkreis backen alle 14 Tage einen Kuchen für uns!
- Essen und Trinken gibt es nicht, wir sind schließlich eine Spielgruppe!

Wenn Sie eine gemeinsame Brotzeit machen oder zusammen Kuchen essen, dann ist es wichtig zu klären, wer wann abspült. Sprechen Sie in der Gruppe darüber und planen Sie es, damit keine Unzufriedenheit aufkommt, wenn immer dieselben am Schluss, mit den weinenden Kindern am Arm, noch abspülen oder aufräumen müssen.
Wir haben gute Erfahrungen damit gemacht, wenn gleich nach dem Imbiss drei Mütter von etwas älteren Kindern abgespült haben, während sich die anderen Mütter mit den Kindern beschäftigen oder schon mit dem gemeinsamen Programm begonnen haben. Die Freispielzeit und die Brotzeit stellen für die Mütter und Väter sicherlich die beste Gelegenheit dar, untereinander ihre Freuden und Sorgen auszutauschen. Hier werden Geburten, Kinderkrankheiten und Impferfahrungen nochmals durchlebt. Hier werden Adressen von Ärztinnen und Ärzten, Heilpraktikern und Biobauernhöfen weitergegeben. Hier werden Rezepte ausgetauscht und Frauenpolitik gemacht! Diese Zeit ist so wichtig! Frauen »ratschen« und »klönen« miteinander, damit sie sich stärken können für die nächste Woche. Es ist schön, wenn Frauen miteinander reden und nicht übereinander. Dazu können alle beitragen.
Wenn genügend Zeit für den Erfahrungsaustausch und die Kommunikation unter den Erwachsenen zur Verfügung steht, fällt es auch leichter, sich auf ein gemeinsames Tun einzulassen.

Gemeinsames Programm

Gleich vorneweg: Das gemeinsame Programm kann eine Sache von fünf Minuten sein! Es geht nicht darum, Mütter zu diffizilier Bastelarbeit zu verpflichten und Kinder stundenlang im Kreis sitzen zu lassen. Das gemeinsame Programm soll für die Kinder und die Erwachsenen den Effekt haben: Aaah! Wir sind eine Gemeinschaft! Wir gehören zusammen! Wir machen etwas gemeinsam!

Wenn wir uns einmal in einem Kreis, in einer Runde wahrgenommen und mit Freude und Liebe eine gemeinsame Aktion durchgeführt haben, ist das eine tolle Sache.

- Ein Kreisspiel zur Jahreszeit wird vorgemacht, ausprobiert und mitgemacht.
- Die Kinder machen sich nach und nach mit einem Fingerspiel vertraut, das auf Reimen aufbaut.
- Ein mitgebrachtes Material (z. B. Papier) wird entdeckt: gewedelt, geknittert und zerfetzt.
- Eine kleine Bastelarbeit wird vorbereitet oder zusammen erstellt und die gemeinsame Freude und Bewunderung darüber ausgedrückt.

Sie finden in unserer Ideenbörse viele liebevoll ausgewählte Anregungen für einen gemeinsamen Programmpunkt. Denken Sie immer an das Motto: »Weniger ist mehr.« Fragen Sie auch immer wieder die Mütter, welche Bedürfnisse sie bezüglich eines gemeinsamen Programmpunktes haben. Die Ansprüche weisen eine große Bandbreite auf und gehen von »gezielter pädagogischer Frühförderung« bis hin zu »Ich will bloß meine Ruhe haben.« Eine gemeinsame Beschäftigung wird zum Erfolg,

- wenn wirklich alle mitmachen (die Kinder kommen meist hinzu, wenn die Erwachsenen mitmachen),
- wenn sie gut vorbereitet ist,
- wenn sie Mutter/Vater und Kind gemeinsam oder abwechselnd anspricht,
- wenn wir alle für einen Augenblick das Gefühl haben: »Toll, dass wir hier zusammen sind«,
- wenn wir uns selber daran freuen und unsere Freude auch zeigen.

Zu den einzelnen Anregungen empfiehlt es sich auch, hin und wieder die einleitenden Worte zur Ideenbörse zu lesen.

Bei den ganz Kleinen kann auch das Aufräumen zu einem Spiel werden. Vielleicht kennen Sie das von Ihren eigenen Kindern, wenn sie stolz den Bauklotz herbeiholen und mit einem lauten Krach in die Kiste werfen. Ermunternde und lobende Worte motivieren die meisten kleinen Kinder, beim Aufräumen fröhlich mitzuhelfen. Wenn zum Beispiel der Rabe einen Freudengesang anstimmt oder Erwachsene und Kinder laut applaudieren, werden sie in ihrem Tun bestärkt.

Vielleicht macht auch dieses Lied den Kindern Lust aufs Aufräumen: »Wer bringt mir jetzt die Bausteine, hört mal alle her ... Wer bringt mir jetzt die Bausteine, das ist gar nicht schwer ... Die Sarah, die Sarah, das ist gar nicht schwer ...« (siehe Kapitel »Dauerbrenner«, S. 80)

Es kann zum Beispiel aus der zerzupften und verstreuten Watte, die die Kinder den Erwachsenen bringen (und die diese auf eine Nadel mit einem langen Faden schieben), ein richtiges Schneegestöber werden. Der Boden ist sauber und es ist »Hokuspokus Fidibus« etwas Schönes entstanden.

Aufräumarbeiten, bei denen Kinder nicht helfen können, werden nach Absprache von den Erwachsenen erledigt, die »zwei freie Hände haben«. Erwachsene also, die schon größere Kinder oder ein Kind haben, das gerade allein spielt. Wichtig ist, dass gerade beim Aufräumen aufseiten der Erwachsenen keine Unzufriedenheit durch unausgesprochene Erwartungen entsteht.

Reden Sie mit den anderen wie mit einer guten Freundin oder einem guten Freund.
Sprechen Sie liebevoll an, was Sie stört und was Sie sich wünschen. Es gibt eine Lösung.

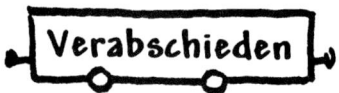

»Alle Leut, alle Leut gehn jetzt nach Haus!« ist sicherlich der Hit unter den Abschiedsliedern. »Herhören, hallo, der Miniclub ist aus – herhören, hallo, wir gehen jetzt nach Haus« (Text und Melodie siehe Kapitel »Dauerbrenner«, S. 81 f.) bildet auch einen schönen gemeinsamen Abschluss. Ein immer wiederkehrendes Lied oder eine Geste, wie alle winken sich zu, ist für die Kinder das eindeutige Signal: Jetzt ist das Treffen aus. Wir gehen nach Hause und freuen uns schon aufs nächste Mal.

Das erste Mal – Vorschlag für ein erstes Treffen

Wie könnte es aussehen, das erste Mal? Im Folgenden möchten wir Ihnen einen Vorschlag für ein erstes Treffen machen! Nehmen Sie ihn als Anregung, wenn Sie selber Ideen und Vorschläge haben.

Übernehmen Sie den Vorschlag einfach, wenn Sie noch unsicher in der eigenen Planung sind und etwas brauchen, das sich bewährt hat.

Uhrzeit/ verantwortlich	Programm	Material und Vorbereitung
9.00 Uhr Erika und Peter	**Vorbereitung** des Raumes	Teppich für die Spielecke aus-rollen, Kartons aus der Möbelfir-ma zum Klettern und Kullern bereitstellen, etwas Spielzeug von zu Hause mitbringen, Tee und Kaffee kochen, Brezeln auf Teller verteilen

Uhrzeit/ verantwortlich	Programm	Material und Vorbereitung
9.30 Uhr Erika und Peter	**Ankommen** Die Mütter oder Väter kommen so nach und nach mit ihren Kindern an. Wir begrüßen sie, zeigen ihnen einen Platz für Kinderwagen und Jacken. Alle Erwachsenen und Kinder dürfen sich ein Papp-Püppchen aussuchen, ihren Namen darauf schreiben und als Kette umhängen.	Pappfiguren aus Fotokartonresten mit kleinem Loch versehen, Faden zum Umhängen durchziehen und Foto-Doppelkleber auf der Rückseite anbringen (die Figuren wurden bei einem Vorbereitungstreffen gebastelt), Stifte.
ca. 9.45 Uhr Erika	**Begrüßung** mit einem persönlichen, inprovisierten Begrüßungslied, zum Beispiel: »Guten Tag, liebe Hofmanns, schön, dass ihr gekommen seid!« Dabei werden die Familien nacheinander namentlich begrüßt und aufgefordert, ihre Papp-Püppchen auf den Karton zu kleben; wenn alle Familien singend begrüßt wurden und ihre Papp-Püppchen aufgeklebt haben, wird das gemeinsame Bild bestaunt und an der Wand befestigt. (Für alle ist sichtbar: Ich bin da. Wir sind da.)	Großer Karton oder Stoff (eventuell in Form eines Hauses, auf dem alle Papp-Püppchen Platz haben); hier kann später auch der Name der Gruppe ergänzt werden.
10.00 Uhr Peter	**Gemeinsam essen und trinken** Wenn alle ihren Tee oder Kaffee, Wasser, Saft und ihre Brezeln bekommen haben, wird für jede Mutter oder jeden Vater ein Blatt ausgeteilt, auf dem die Wünsche und Erwartungen der Erwachsenen und der Kinder in Bezug auf ein Eltern-Kind-Treffen und ein paar organisatorische Dinge kurz abgefragt werden sollen.	Kaffee, Tee, Brezeln, Arbeitsblätter und Stifte (Kopiervorlage siehe S. 37)
11.00 Uhr Erika	Einladung zum gemeinsamen **Aufräumen**	
ca. 11.10 Uhr Erika	**Gemeinsames Programm** Fingerspiel: »Zehn kleine Zappelmänner« (siehe S. 113) oder ein anderes bekanntes, einfaches Fingerspiel. Während alle im Kreis sitzen, können wir fragen: Wie gefällt es euch heute? Hier ist Gelegenheit darauf hinzuweisen, dass für viele Kinder alles unbekannt ist: der Raum, die Menschen, der Geruch, die Geräusche. Gerade sie brauchen Zeit, um sich in dieser neuen Situation zurecht zu finden.	

Uhrzeit/ verantwortlich	Programm	Material und Vorbereitung
ca. 11.25 Uhr Peter	**Verabschiedung** (eventuell schon mit einem Abschiedslied, (siehe »Dauerbrenner«, S. 81) und herzliche Einladung zum nächsten Treffen am ...	

Was wünsche ich mir

für mein Kind ...   für mich ...

von einem Eltern-Kind-Treffen ?

Schreib einfach auf, was dir spontan einfällt.
Welche Wünsche und Erwartungen hast du für dein Kind und dich
an eine Eltern-Kind-Gruppe?

Komm, sag es allen weiter: Tipps zur Öffentlichkeitsarbeit

Werbung: Wie machen wir auf die Eltern-Kind-Gruppe aufmerksam?

Die persönliche Einladung ist die ansprechendste Möglichkeit, für die Eltern-Kind-Gruppe zu werben. Dies kann beispielsweise über Kontakte in der Nachbarschaft, auf dem Spielplatz, im Freundes- und Bekanntenkreis geschehen.

Darüber hinaus können Sie über Plakate und Handzettel im Kindergarten, in Geschäften und auch im Schaukasten der Kirchengemeinde auf die Gruppe aufmerksam machen. Ist die Gruppe in eine Kirchengemeinde integriert, können auch über den Gemeinde- bzw. Pfarrbrief und über Ankündigungen im Gottesdienst die jeweiligen Treffen bekannt gegeben werden. Dies hat zur Folge, dass

nicht nur die Familien über die Eltern-Kind-Gruppe informiert sind, sondern auch die ganze Gemeinde die Gruppe als festen Bestandteil im Gemeindeleben wahrnimmt.

Bei Kontakten mit jungen Familien, beispielsweise bei Taufgesprächen, hat der Pfarrer oder die Pfarrerin die Möglichkeit, auf die Eltern-Kind-Gruppe aufmerksam zu machen.

Außerdem kann sich die Eltern-Kind-Gruppe auch über die Lokalpresse präsentieren, indem die Termine der Treffen regelmäßig im Veranstaltungskalender erscheinen oder aber in Abständen über besondere Aktionen der Gruppe berichtet wird.

Es ist sinnvoll, auf ein wiederkehrendes Motiv bei der Werbung auf Plakaten, Handzetteln und im Gemeindebrief zurückzugreifen, das auf den ersten Blick von den jungen Familien wiedererkannt wird. Dabei müssen Ort, Zeit und Adressaten deutlich werden. Besondere Aktionen oder Anlässe sollten auch publik gemacht werden, damit sich Eltern und Kinder entsprechend darauf einstellen und vorbereiten können (zum Beispiel hinsichtlich entsprechender Kleidung, benötigtem Material usw.).

Mutter-Kind-Gruppe

Wünschen Sie sich

- Kontakte und Gespräche mit anderen jungen Eltern?
- Spielgefährten für Ihr Kind?
- Anregungen und Anstöße für Ihre jetzige Lebenssituation?
- eigene Ideen in eine Gruppe mit einzubringen?

Kommen Sie in den „Krabbel-Club"

Montags, ab 10 Uhr im Gemeindehaus

Verantwortliche Leiterin: N.N., Tel.: 1234

Beispiele für einen Handzettel und Plakate

Wie und wo stellen wir die Eltern-Kind-Arbeit vor?

Stellen Sie, wann immer sich die Möglichkeit dazu bietet, die Aktivitäten Ihrer Gruppe der Öffentlichkeit vor. Machen Sie auf junge Familien aufmerksam. Es gibt immer wieder Anlässe, die einen positiven Bericht über die Eltern-Kind-Arbeit ermöglichen.

Laden Sie einen Pressevertreter ein, oder formulieren Sie selbst ein paar Zeilen für die Presse oder für den Gemeindebrief – ein Foto ist dabei immer ein wichtiger Blickfang. Wichtig ist es auch, in der Kirchengemeinde bzw. Kommune auf sich aufmerksam zu machen – und zwar nicht erst, wenn man Probleme miteinander hat oder finanzielle Unterstützung wünscht.

Nehmen Sie zum Beispiel ein Jubiläum der Gruppe (1 Jahr, 5 Jahre, ...) zum Anlass, sich die Bedeutung der Gruppe für Eltern, Kin-

Fünf Jahre Mutter-Kind-Gruppe in Fürnheim

Dieses »Jubiläum« am 13. August 1995 war für die betroffenen Familien ein Grund zum Feiern.
Zunächst gab es in der Kirche eine bunte Ausstellung zu sehen mit Fotos aus den letzten fünf Jahren »Minitreff«, ergänzt von grundlegenden Informationen zu Eltern-Kind-Gruppen. Groß und Klein interessierten sich für die Ausstellung und so manches Schulkind entdeckte sich auf den Fotos als Kleinkind in der Mutter-Kind-Gruppe. Nach einem fröhlichen Mini-Gottesdienst zum Thema »Wir werden immer größer« trafen sich die jungen Familien zum Grillen und Spielen am Fürnheimer Badeweiher.

Spaß beim Schubkarren-Wettlauf

Alle sind sich einig: Es war ein rundum gelungenes Fest.

Gabi Siegel

Aus dem Rundbrief des Dekanats Wassertrüdingen

der und Gemeinde zu vergegenwärtigen und Rückschau zu halten. Überlegen Sie, wie viele Familien mit der Gruppe erreicht werden, und stellen Sie die Ergebnisse Ihrer Überlegungen schriftlich zusammen.

Mit einer solchen Dokumentation können Sie auf den Pfarrgemeinderat oder Kirchenvorstand, auf das Jugend- und Schulreferat bzw. auf die Volkshochschule zugehen und Ihre Gruppe entsprechend vorstellen. Dies ist eine Möglichkeit, sich positiv darzustellen und ein gutes Miteinander zu pflegen. Die Hauptamtlichen und die verantwortlichen Gremien werden auf diese Weise informiert und einbezogen. Es bestehen dann auch gute Chancen, dass Ihnen für die Anliegen und Belange der Eltern-Kind-Gruppe Gehör geschenkt wird.

Bleiben wir beim Beispiel des Jubiläums. Ein Jubiläum kann auch zum Anlass genommen werden, eine bunte Rückschau in Form einer Ausstellung mit Fotos und Bildern, Bastelarbeiten und Berichten usw. zu halten. Die ganze Gemeinde wird mit der Ausstellung

angesprochen, und so manches Kindergarten- oder Schulkind, so manche Familie wird sich auf den Fotos wieder erkennen.

 **Tipp:** Ab und zu den Fotoapparat mitnehmen!

Als Ausstellungsort kommen Räume infrage, die vielen Interessierten zugänglich sind: Das können die Kirche oder ein Saal im Gemeindehaus sein, die Ausstellung ist aber auch in einer Bank oder in der örtlichen Bücherei denkbar. Sicher fallen Ihnen vor Ort passende Möglichkeiten ein!

Eine bunte Ausstellung kann gut die inhaltliche Information mit kurzweiliger Unterhaltung (durch Fotos) kombinieren. Es sei hier nicht verschwiegen, dass die Organisation einer Ausstellung mit viel Arbeit verbunden ist. Aber es macht auch Spaß! Auf jeden Fall sollte die Ausstellung längere Zeit zu sehen sein, damit sich der Aufwand lohnt. Vielleicht inspiriert Sie das Beispiel auf der folgenden Seite:

5 Jahre Mini-Treff

Der Mini-Treff

Im Mini-Treff kommen Frauen und kleine Kinder zusammen, um miteinander zu spielen und zu singen, sich zu unterhalten und auszutauschen und um gemeinsam etwas zu unternehmen. Der Mini-Treff bietet Kindern und Müttern die Möglichkeit, im gemeinsamen Tun von- und miteinander zu lernen und Erfahrungen zu sammeln. Darüber hinaus haben die Mütter Gelegenheit, sich über Fragen, die sie persönlich beschäftigen, Fragen, die sich oft aus dem Zusammenleben mit Kindern ergeben, auszutauschen. Gerade beim ersten Kind kann dieser Austausch sehr hilfreich sein.

Frauen und Kinder lernen sich untereinander besser kennen; es entstehen bzw. vertiefen sich Freundschaften, und es entwickelt sich Solidarität untereinander.

Wenn »frisch gebackene Mütter« oder Neuzugezogene zum Mini-Treff Kontakt aufnehmen, finden sie in der Regel schnell Anschluss.

Der Mini-Treff ist kein »Kaffeeklatsch«, sondern als Eltern-Kind-Arbeit eine anerkannte Form der Erwachsenen- und Familienbildung.

Ablauf des Mini-Treffs mit Erläuterungen

Den Raum vorbereiten ...
Ankommen ...
Freies Spielen ...
Eventuell gemeinsamer Programmpunkt ...
Gemeinsame Kaffeerunde ...
Gemeinsames Aufräumen ...
Sing- und Kreisspiele, Fingerspiel
Abschlusslied

Das ist der Daumen ...

Was tun Kinder bei Fingerspielen?

- Sie bewegen Hände und einzelne Finger,
- sie sprechen in Reim und Rhythmus,
- sie ahmen nach,
- sie beobachten sich selbst und andere,
- sie sind konzentriert,
- sie lernen Texte und Bewegungen,
- sie versetzen sich in Rollen,
- sie benennen Körperteile, Dinge und Handlungen,
- sie hören auf den Wechsel der Stimme (lautes oder leises Sprechen, Flüstern ...),
- sie genießen die vertrauten Bewegungen der Hände ihrer Eltern und
- sie erleben Spaß und Freude im gemeinsamen Tun.

Der persönliche Einsatz von Müttern ist für den Mini-Treff und sein Gelingen unentbehrlich! Frauen können sich hier selbständig einbringen.

■ Wir spielen miteinander ...
»Ei, wie langsam kommt der Schneck.«
■ Tänze ...
»Häschen in der Grube ...«
»Ich bin ein kleiner Tanzbär ...«
■ Lieder ...
»Ringel, ringel Reihe ...«

Bei schönem Wetter treffen wir uns auch einmal auf dem Spielplatz oder im Plantschbecken!

Planung und Rückblick mit Hilfe von Checklisten

Die folgenden Checklisten helfen Ihnen bei der Planung und »Datensammlung« über die laufenden Gruppenstunden und bei der Reflexion Ihrer Arbeit. Eine solche Dokumentation ist wichtig für

- das eigene Bewusstmachen der Eltern-Kind-Arbeit,
- die Verbesserung der Arbeit,
- das Teamgespräch,
- die Vorstellung in Gremien, zum Beispiel gegenüber dem Kirchenvorstand oder Pfarrgemeinderat,
- die Abrechnung gegenüber dem Erwachsenenbildungswerk,
- die Öffentlichkeitsarbeit (Artikel in Gemeindebrief oder Tageszeitung),
- eine Ausstellung anlässlich eines Jubiläums, Sommerfestes u. Ä.,
- die Übergabe der Gruppe an ein neues Leitungsteam.

Also: Ordner anlegen, Tabellen erstellen, Fotos und Einladungsplakate dazuheften, Zeitungsartikel ausschneiden ... Es macht immer wieder Spaß, darin zu blättern, und es erleichtert eine qualifizierte Arbeit.

Planungshilfe (zum Beispiel für 1/4 Jahr)

Datum	Kalender	Ideen/Vorschläge	Vorbereitung	verantwortlich
Laufende Termine	Jahreszeit Feste Ferienzeiten	Alles, was einem einfällt oder was schon konkret geplant wird	Langfristige Vorbereitungen oder Pläne	Wer macht was?
Beispiele:				
15.9.	Herbst	1. Gruppenstunde	in den Sommerferien Handzettel verteilen	Petra und Stefan machen Werbung, Erika und Sabine bereiten Treffen vor
22.9.	Herbst	Herbstblätter	Blätter sammeln, trocknen, pressen	?
25.9.		Elternabend über »Was ist uns an und in der Eltern-Kind-Gruppe wichtig?«	Anrufen wegen Raumreservierung	Vorbereitung im Leitungsteam
Okt.				
Nov.				
10.12.	Advent	Wir zünden eine Kerze an		Sabine besorgt Kerzen und Zündhölzer
24.12.	Heiliger Abend	Krabbelgottesdienst in der Kirche	mit Pfarrer oder Pfarrerin absprechen	das Krabbelgottesdienst-Team

Infos über die laufenden Gruppenstunden

Datum	Thema Vorhaben Programm	Gut ange-kommen: ja/nein	Teilnehmer/innenzahl: Erwachsene/Kinder/Gäste	Wer war bei den Vorberei-tungen dabei (z.B. Kuchen-backen, Besor-gungen, Thema)	Besonder-heiten an diesem Tag

Reflexion der Eltern-Kind-Arbeit

		Rückschau Daten/Namen/ Stimmung	**Persönliche Eindrücke und Empfindungen**	**Ausblick** Pläne/Ideen/Ziele
1.	Wer ist im Team? Verbündete, Haupt- amtliche?			
2.	Kontakt zum Träger, zum Beispiel zur Kirchengemeinde			
3.	Raumausstattung, -gestaltung usw.			
4.	Kontakt zum Erwach- senenbildungswerk			
5.	**Die Gruppe:** Uhrzeit und Dauer Größe der Gruppe Alter der Kinder Leitung Aufgabenteilung Ablauf eines Treffens Gruppenregeln			

		Rückschau Daten/Namen/ Stimmung	Persönliche Eindrücke und Empfindungen	Ausblick Pläne/Ideen/Ziele
6.	Finanzierung durch Träger durch die Gruppe			
7.	Elternabende			
8.	Werbung und Öffentlichkeitsarbeit			
9.	Selbstbewusstsein			
10.	Fortbildung und Beratung			
11.	Sonstiges			

Eltern unter sich: Elternabende und andere Möglichkeiten, sich zu treffen

> Ich hab mich so auf eine schöne Tasse Tee und einen schönen Plausch-Nachmittag in der »Krabbelgruppe« gefreut. Doch dann kommt es ganz anders: Mein Kind ist schlecht drauf, muss zweimal gewickelt werden und schüttet die Tasse um. Es bleibt die ganze Zeit auf meinem Schoß, und ich habe keine Minute Zeit, in Ruhe zu reden.

Kommt Ihnen das bekannt vor?

Bei den Treffen der Eltern-Kind-Gruppe kann der Austausch und das Gespräch unter den Erwachsenen zu kurz kommen und der Wunsch nach intensiverem Austausch, nach Informationen zu einem bestimmten Thema oder auch nach Freizeitgestaltung mit anderen Erwachsenen entstehen.

Dann stellen Sie doch ein Treffen ohne Kinder auf die Beine, an einem Abend. Es gibt Gruppen, die bei Bedarf und Interesse ein solches Treffen arrangieren, und es gibt Gruppen, die regelmäßig am Abend Veranstaltungen für die Erwachsenen durchführen. Denkbar sind ein Gesprächsabend, ein Informationsabend (beispielsweise mit einer Referentin) oder ein Stammtisch, zu dem man locker (mit oder ohne gezieltem Thema) zusammenkommt. Auf diese Weise sind schon Informationsabende für die ganze Gemeinde über Homöopathie bei Kinderkrankheiten, natürliche Empfängnisregelung und das Fernsehen und seine Auswirkungen entstanden. Es kam auch schon ein Käseseminar und ein Frauenwochenende zustande.

Haben Sie ein Thema, das Sie schon lange interessiert?
Was wissen Sie von anderen Müttern und Vätern und deren Interessen? Was ist realisierbar? Wer kann Ihnen dabei helfen? Packen Sie es an!

Ein gemeinsamer Besuch im Kino oder in einem Restaurant kommt den Bedürfnissen der Erwachsenen nach gemeinsamer Freizeitgestaltung entgegen. Wie wäre es zum Beispiel mit einem Treffen beim Italiener oder einem Grillabend im Sommer? Gehen Sie doch einfach jeden ersten Dienstag im Monat zum Kegeln oder Trimm-Dich-Pfad ...

Was würde Ihnen gefallen? Was tut Ihnen gut, neben all den Alltagsanforderungen mit Baby und Kleinkind?

Auch als Einstieg bei der Gründung einer Eltern-Kind-Gruppe oder kurz nach dem Beginn der Treffen hat sich ein Abendtermin bewährt, an dem sich organisatorische und inhaltliche Fragen gut klären lassen. Finden Sie heraus, wo das Interesse der Mütter und Väter liegt. Anfangs gibt es meist auch Schwierigkeiten, wenn die Eltern/Mütter am Abend weggehen wollen. Diese müssen ernst genommen werden.

Sprechen Sie über solche Hemmschwellen und Ängste, wenn es sie gibt. Was Sie tun können:

- Vielleicht suchen Sie sich einen Treffpunkt, an dem alle jederzeit telefonisch erreichbar sind. Es dauert auch eine Zeit, bis ein Babysitter gefunden wird, wenn die Oma nicht in der Nähe wohnt.

- Haben Sie doch das Vertrauen, dass Ihr Partner es auch einmal einen Abend ohne Sie schafft!

- Wenn Frauen (meistens sind es die Frauen) am Anfang noch nicht ohne ihr Kind oder ihre Kinder weggehen wollen, ist das auch in Ordnung. Wichtig ist, dass auch sie immer wieder eingeladen werden.

Eltern schaffen sich ihren Raum

 Frauen

Wir sprechen in unserem Buch bewusst von **Eltern**-Kind-Gruppen, da dieses Angebot für Väter, Mütter und Kinder gelten kann. Die Erfahrung zeigt, dass es in der Regel Frauen sind, die mit ihren Kindern das Angebot eines Treffpunktes regelmäßig wahrnehmen. Dies liegt daran, dass meist Frauen den Erziehungsurlaub in Anspruch nehmen und wegen der Kinder zu Hause bleiben. Sie erleben dann auch hautnah die Veränderungen, die mit der Familiensituation einhergehen. Vor allem Kontakte zu Erwachsenen in ähnlicher Lebenssituation und Austauschmöglichkeiten werden vermisst.
Eine Eltern-Kind-Gruppe, in der sich Mütter und Kinder treffen, bietet die Möglichkeit, speziell auf Frauen und ihre Situation einzugehen, speziell **sie** zu stärken und zu unterstützen. Es ergibt sich von selbst, dass in erster Linie so genannte Frauenthemen aufgegriffen werden. Und nicht selten ist die Eltern-Kind-Arbeit für Frauen ein Einstieg in die Frauen- oder Familienarbeit in einer Gemeinde, weil sie sich bewusst mit ihrer Situation auseinandersetzen und aktiv werden wollen.

 Männer

Einzelne Väter werden angesichts der weiblichen Überzahl in Eltern-Kind-Gruppen meist von einem regelmäßigen Besuch abgeschreckt. Liebe Väter, lasst euch nicht abschrecken! Emanzipiert euch!
Trifft sich die Eltern-Kind-Gruppe am Nachmittag, so besteht zumindest die Möglichkeit, dass Väter nach der Arbeit hinzukommen und ihre Familie abholen. So sind sie am Rande mit einbezogen. Es bietet sich auch an, speziell ein Treffen mit Vätern und

Kindern zu organisieren, indem beispielsweise eine gezielte Aktion an einem Samstag stattfindet:

Wie wäre es mit einem Vater-Kind-Ausflug?

 Familien

Was uns besonders gut gefällt: Oft bleibt es nicht bei einer Gruppenstunde in der Woche oder alle 14 Tage – es entstehen Interessengruppen und -kreise; Familien werden zusammengeführt, erkennen ihre Gemeinsamkeiten und werden aktiv.

Zum Beispiel:
- Bei der gemeinsamen Interessenvertretung zur Beantragung einer Tempo-30-Zone in einem Wohnort,
- bei der Gestaltung eines familiengerechten Gottesdienstes,
- bei der Organisation familienfreundlicher Veranstaltungen wie beispielsweise ein »haushaltsfreier Samstag«, an dem Frauen, deren Kinder schon größer sind, für Familien mit kleinen Kindern einen Tag inklusive Verpflegung, Spiel- und Bastelprogramm im Gemeindehaus oder Pfarrsaal gestalten,
- bei der Gestaltung gemeinsamer Freizeiten.

Die folgenden Beispiele von Familienfreizeiten, die wir mit Kindern von eineinhalb bis ca. zehn Jahren unternommen haben, machen Ihnen vielleicht Lust auf dergleichen Unternehmungen.

Mutter-Kind-Freizeit

Ferien auf dem Bauernhof

5. – 9. 4. 93

INDIANER
Wochenende
3.-5. Mai 96
OSTHEIM

Mutter-/Eltern-Kind-Freizeit
der evangelischen Kirchengemeinde
Wassertrüdingen

Zwei Tipps vorab zur Organisation:

Wir haben ein Freizeitenhaus in der Nähe gesucht, damit lange Fahrtzeiten erspart bleiben und die Familien mit ganz Kleinen wissen, dass sie jederzeit nach Hause fahren können, wenn Probleme oder Krankheiten auftreten.

Wir waren in einem Selbstversorgerhaus, d.h. wir haben selber gekocht und für Verpflegung gesorgt, weil die Eltern die Wünsche ihrer Kinder kennen und Entsprechendes mitbringen und vorbereiten konnten.

Es geht weiter ...

Was kommt nach der Eltern-Kind-Gruppe?

Wenn die Kinder der Eltern-Kind-Gruppe entwachsen sind und den Kindergarten oder auch schon die Schule besuchen, vermissen die Eltern häufig die regelmäßigen Treffen mit anderen Erwachsenen. Darüber hinaus möchten viele die aufgebauten Kontakte und Beziehungen, die in der Eltern-Kind-Gruppe gewachsen sind, weiter pflegen. Dies wird man bei intensiven Beziehungen und Freundschaften natürlich auf privater Ebene tun, oder, wenn möglich, im Kindergarten und in der Schule fortsetzen.

Doch welches Angebot für Familien kann nach der Eltern-Kind-Gruppe kommen?

Haben Sie Mut, Ideen zu entwickeln und zu verwirklichen!

Überraschungskiste

Wir hatten die Idee zu einer »Überraschungskiste« für Familien mit Kindern von vier bis sieben Jahren. Die Überraschungskiste öffnet sich einmal im Monat, an einem Samstagnachmittag, für eineinhalb bis zwei Stunden. Inhaltlich orientiert sie sich stark am Jahresablauf.

Beispiele aus dem Programm:

»Wenn der frische Herbstwind weht ...«
»Mit Nüssen kann man spielen«
»Lichter in der Dunkelheit«
»Willkommen, Neues Jahr!«
»Jetzt kommt die lustige Faschingszeit!«
»Immer wieder kommt ein neuer Frühling!«
»Ostern ist nah!«
»Was Hände alles können ... «
»Es kribbelt und krabbelt«
»Überraschungen mit Musik«

Gesprächskreis zu Erziehungsfragen

Der Verlauf dieses Samstagnachmittags gestaltet sich immer ähnlich: Die Familien kommen nacheinander an, werden persönlich begrüßt und nehmen im Stuhlkreis um die Überraschungskiste (ein mittelgroßer Weidenkoffer) Platz. Nach einer offiziellen Begrüßung und einem fröhlichen Begrüßungslied wird die Überraschungskiste geöffnet und alle dürfen sich einen Gegenstand daraus hervorholen und der Runde vorstellen. Der Inhalt der Kiste hat immer mit dem Thema zu tun.

Beim Nachmittag »Wenn der frische Herbstwind weht ...« fanden sich in der Kiste neben Herbstblättern und Kastanien Lieder zum Herbst, Herbsträtsel, Windrädchen, ein Windlicht, ein Bild von einer Windmühle, Herbstdrachen usw.

Im Anschluss daran bieten sich Lieder und Aktionen und ab und zu auch eine Bastelarbeit oder ein Tanz passend zum Thema an. Die Überraschungskiste ist eine rundum gelungene Sache für Familien, die gerne gemeinsam etwas tun und erleben.

Hier steht der Wunsch nach einem Austausch über Erziehungsfragen im Mittelpunkt. Es werden also Eltern, Erzieher und Lehrer eingeladen, die sich mit einem bestimmten Erziehungsthema beschäftigen wollen. Unsere Themen hießen zum Beispiel:

»Wird mein Kind ein Null-Bock-Typ?«

Vortrag und Diskussion über Entwicklungen der Jugend, der viele Menschen Gleichgültigkeit, Verlust von Werten u. a. vorwerfen. Welche Verhaltensweisen der Jugendlichen haben ihren Ursprung schon in den ersten Lebensjahren? Wie kann ich meine Kinder zu selbstbewussten, verantwortungsvollen und kritischen jungen Menschen erziehen? Referent war der Dekanatsjugendreferent vor Ort.

»Mami, komm spiel mit mir!«

In diesem Gesprächskreis tauschten sich Mütter, Väter und Menschen, denen Kinder und Jugendliche anvertraut sind, über die Zeit, die wir mit unseren Kindern verbringen, aus. Wie viel Zeit haben wir für unsere Kinder? Wie verbringen wir diese Zeit? Welche Bedürfnisse haben die Kinder? Welche Bedürfnisse die Erwachsenen?

»Warum bleibt der Gott im Himmel?«

Religiöse Kindererziehung zu Hause und in der Gemeinde war hier das Thema. Ehrenamtliche aus dem Kinder- und Mini-Gottesdienst haben Inhalte ihrer Arbeit dargestellt. Mit Erzieherinnen und Eltern sind wir darüber ins Gespräch gekommen, wie einfache Glaubensinhalte zu Hause vermittelt werden können.

Alle Themen haben sich aus Diskussionen in den Eltern-Kind-Gruppen ergeben. Hier war Gesprächsbedarf da und wir haben darauf reagiert, indem wir
- ein Thema festgelegt,
- den Saal reserviert,
- Einladungen getippt und an Eltern der Gruppen, Kindergärten und Schulen verteilt haben und
- mitgedacht, mitgeredet, mitorganisiert haben.

Einmal hat uns auch ein Buch von Catharina Aanderud sehr lange beschäftigt: »Die Gesellschaft verstößt ihre Kinder. Werteverlust und Erziehung« (siehe Anhang). Wir haben einen Elternabend zu diesem Thema organisiert und gemeinsam an diesem Abend darüber gesprochen, welche Probleme wir aufgrund der gesellschaftlichen Verhältnisse mit unseren Kindern haben oder sehen und vor allen Dingen, was uns da helfen kann ... Vielleicht haben Sie auch ein interessantes Buch, das Sie sehr bewegt oder das Ihnen in irgendeiner Weise weitergeholfen hat. Reden Sie mit anderen darüber, empfehlen Sie es weiter oder lesen Sie ein Kapitel mit andern Müttern und Vätern gemeinsam und tauschen sich darüber aus oder bilden Sie einen Lesekreis usw.

Andere Mütter oder Väter haben oft die gleichen Interessen wie Sie. Manchmal fehlt nur der Motor für eine Aktion, die die Gemeinschaft stärkt. Haben Sie Mut! Machen Sie was draus! Raus aus dem stillen Kämmerlein!

Frauenfrühstück

Unser Frauenfrühstück ist ein prima Nachfolger der Eltern-Kind-Gruppe und dient uns Müttern zum Austausch. Wenn Sie auch Väter in der Gruppe haben, nennen Sie ein solches Treffen einfach »Elternfrühstück«.

Die Kinder sind am Vormittag im Kindergarten, so dass wir Zeit für ein gemütliches Frühstück mit engagierten Gesprächen über Freuden und Sorgen unseres Alltags, die Tagespolitik und über Gott und die Welt haben. Beim Frauen- oder Elternfrühstück trifft sich eine feste Gruppe einmal im Monat bei jeweils einer anderen Familie. Die Vorbereitungen halten sich in Grenzen. Das Vergnügen ist grenzenlos.

Es besteht auch die Möglichkeit, das Frauenfrühstück thematisch auszurichten; dies stellt aber organisatorisch eine größere Angelegenheit dar. Hier werden viele Frauen zu einem bestimmten Thema angesprochen und eine gute (manchmal auch teure) Referentin wird eingeladen. Es empfiehlt sich hierfür die Bereitstellung einer Kinderbetreuung, damit auch Mütter mit kleinen Kindern kommen können oder zumindest nicht ausgeschlossen sind. Solche Veranstaltungen werden im Rahmen von Kirchengemeinden, Dekanaten oder Erwachsenenbildungswerken meistens von Frauen organisiert. Wenn nicht, regen Sie es an – hier können Frauen einfach einmal zwanglos vorbeischauen, Kontakte knüpfen und vielleicht den Weg zu einer Gruppe finden.

Viele Ideen zu Frauentreffen finden Sie in der Broschüre »Frauen schaffen sich ihren Raum. Modelle und Formen von Frauentreffpunkten«, herausgegeben vom Bayerischen Mütterdienst – Schriftenverband, Postfach 1240, 90544 Stein. Auch der Arbeitsbereich »Frauen in der Kirche« (Postfach 20 0751, 80007 München) stellt Informationen und Arbeitshefte zur Frauenarbeit und zu Frauentreffen zur Verfügung.

Was wünschen Sie sich?
Für was hätten Sie gerne Zeit?
Was brauchen Sie für sich?

Eltern-Kind-Gruppen hinterlassen Spuren ...

Da gibt es also seit einiger Zeit eine Eltern-Kind-Gruppe im Ort oder in der Gemeinde. Und die hinterlässt Spuren ...

im Raum ...

Nicht nur, dass im Gemeinderaum die geputzten Fenster von kleinen Patschhänden verschmiert sind oder das Handtuch auf der Toilette öfter gewechselt werden muss ... Da steht vielleicht gleich an der Tür ein buntes Schild mit folgender Aufschrift:

Hier treffen sich jeden Dienstagvormittag Eltern und Kinder zur Eltern-Kind-Gruppe!

Und seit kurzer Zeit gibt es im Flur eine zusätzliche, niedrigere Garderobenleiste für Kinder oder die Treppe ist durch ein Holzgitter abgesichert. Im Raum liegt plötzlich ein zusammengerollter Teppich; Sitzkissen stapeln sich in der Ecke und die Wände sind mit den Ergebnissen kreativer Momente geschmückt. Zwischen den Blumentöpfen auf der Fensterbank liegt noch ein zurückgebliebener Schnuller; im Waschraum steht seit einiger Zeit ein Windelpaket; eventuell ist sogar eine Wickelauflage vorhanden.

Wer diesen Raum betritt, merkt schnell, dass sich hier etwas tut. Es kribbelt und krabbelt – das ist nicht zu übersehen.

- Hinterlassen Sie ruhig »Spuren« Ihrer Eltern-Kind-Gruppen-Arbeit!
- Lassen Sie alle sehen, dass sich in Ihrem Raum etwas tut!
- Gestalten Sie den Raum so, dass sich die Eltern-Kind-Gruppe darin wohl fühlt!
- Reden Sie mit, wenn es um Planung und Neuanschaffungen geht!
- Ein Raum, in dem die Eltern-Kind-Gruppe nur Gast ist und nicht mitgestalten darf, wirkt auf Dauer für alle frustrierend!

im Wohngebiet ...

Das fällt schon auf: An manchen Vormittagen trifft man die jungen Mütter der Umgebung mit ihren kleinen Kindern gehäuft auf der Straße an – zielstrebig mit Sack und Pack ziehen sie vorüber ... Und dort vor dem Haus stehen jeden Donnerstagvormittag so viele Kinderwagen und Buggys ... Im Ortsteil der Zeitung war ja auch schon öfter einmal etwas zu lesen.
Die Familien kennen sich gut; sie laufen nicht unsicher aneinander vorbei, sondern sind froh sich zu sehen, bleiben stehen und tauschen sich aus. Auch die Kinder kennen sich. Wenn Eltern und Kinder sich in ihrem Wohnbereich untereinander kennen, kann das bemerkenswerte Folgen haben:

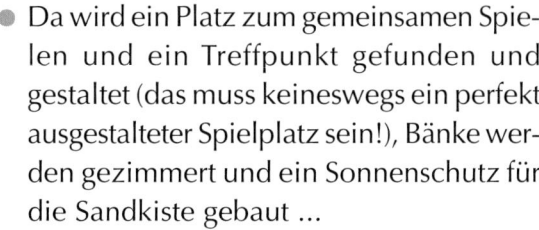

- Da wird ein Platz zum gemeinsamen Spielen und ein Treffpunkt gefunden und gestaltet (das muss keineswegs ein perfekt ausgestalteter Spielplatz sein!), Bänke werden gezimmert und ein Sonnenschutz für die Sandkiste gebaut ...
- Oder es werden Wünsche und Ansprüche von Familien in den Gemeinde- bzw. Stadtrat eingebracht, zum Beispiel Tempo-30-Zonen im Wohnbereich o. Ä. ...

Eltern, die sich in einem ständigen gedanklichen Austausch über ihre Bedürfnisse, Erfahrungen usw. befinden, lassen Entscheidungen über ihre Köpfe hinweg nicht ohne weiteres zu: Gemeinsam sind Familien stark! (Zum Beispiel durch Unterschriftensammlungen, Demos usw.)

Familien wünschen sich familiengerechtes Wohnen mit viel Freiraum zum Spielen und Leben!

- Wo Familien wohnen, sollte das Wohnen für Kinder und Eltern lebenswert sein.
- Machen Sie gemeinsam das Beste aus Ihrer örtlichen Situation!
- Noch besser: Engagieren Sie sich, so weit möglich, auf verschiedenen Planungsebenen und gestalten Sie als Familienfachfrau oder -mann mit!

bei uns selbst ...

Nicht zuletzt werden wir als Eltern in unserem Familienbewusstsein gestärkt. Positive Erfahrungen in der Eltern-Kind-Arbeit machen uns Mut. Aus verunsicherten, isolierten Müttern und Vätern können familienbewusste Eltern werden, die in unserer Gesellschaft ganz dringend gebraucht werden!

Eltern-Kind-Arbeit kann unseren Umgang miteinander, unser Bewusstsein und unser Bedürfnis nach Veränderungen prägen und entwickeln. Lassen Sie es einfach zu!

in der Gemeinde ...

Natürlich – Gemeindebrief und Schaukasten tun es allen kund: Hier gibt es eine Eltern-Kind-Gruppe!
Aber das ist nicht alles. Denn hier wird Gemeinde mitgestaltet, und zwar mit den Allerkleinsten. Der Wunsch nach eigener Aktivität und nach lebendiger Gemeindegestaltung wird spürbar. Überalterte, langweilige Gemeinde? Von wegen – bei uns ist was los!
Oft bleibt es nicht bei der Eltern-Kind-Gruppe. Wer sich kennt und viel gemeinsam unternimmt, bekommt Lust auf mehr ... Eltern treffen sich auch einmal ohne Kinder; häufig zeigt sich der Wunsch nach einem gemeinsamen Gottesdienst. Eine geeignete Form wird gesucht und gefunden: der erste Krabbelgottesdienst entsteht.
Spätestens jetzt wird für die ganze Gemeinde sichtbar: Hier kommt eine neue Generation in unsere Kirche – unsere Kirche lebt!

Machen Sie es sich bewusst:
- Sie sind mit Ihren Kindern eine neue Gemeindegeneration!
- Es liegt in Ihrer Hand, das Leben in der Gemeinde mit zu gestalten und zu formen!
- Auch Kirchenpolitik kann interessant sein und Sie können hier Ihre Interessen vertreten, zum Beispiel wäre eine Kirchenvorsteherin aus der Eltern-Kind-Arbeit für jede Gemeinde wünschenswert!

Hier hat die Gemeinde ihre Chance!

wenn wir noch weitergehen ...

Wer sich bewusst für die Interessen von Familien stark macht, wird auch Ansprüche an die Politik auf allen Ebenen geltend machen wollen ... und mitmachen! Zukunftsmusik? Hoffentlich nicht! Soll das alles aus Eltern-Kind-Gruppen hervorgehen? Soll nicht. Kann auch nicht immer. Aber möglich wär's doch, oder?

Und ein guter Anfang für alles, was mit Familienarbeit zu tun hat, ist das erste gegenseitige Beschnuppern in der Eltern-Kind-Gruppe allemal!

im Dorf, in der Stadt ...

Ähnlich wie in den Kirchengemeinden macht sich das Bemühen um junge Familien (zum Beispiel durch das Bestehen einer Eltern-Kind-Gruppe) im Ort bemerkbar: Plakate, Handzettel und Zeitungsartikel weisen auf Treffpunkte und gemeinsame Aktionen hin. Das können alle lesen! Die Familien eines Wohngebietes kennen sich untereinander und erfahren ein positives Gefühl von Gemeinschaft.

Hier werden Familien häufig gemeinsam aktiv für: große, bezahlbare Wohnungen, kindgerechte Wohngebietsgestaltung, genügend Kindergartenplätze, Tempo-30-Zonen, Babysitterdienste, Tagesmutterbörse usw.
Hier melden Familien Bedürfnisse an und fordern sie ein. Vielleicht ist sogar die Kommunalpolitik vor Ort offener für konstruktive Familienpolitik geworden. Womöglich sitzt sogar eine junge Mutter im Stadtrat ...?!

Ideenbörse

Ein
Rezept

für eine ideale Eltern-Kind-Gruppenstunde gibt es nicht.

Vielleicht wollen Sie aber Folgendes probieren:

● Nehmen Sie eine winzige Prise aus unserer
Ideenbörse,

● fügen Sie einen gut gehäuf-
ten Teelöffel Wissen aus der
Einführung zur Ideenbörse und dem Kapitel »Wie fange
ich es an« hinzu,

● geben Sie dies in eine bereits vertraut gewordene
Form Ihrer Eltern-Kind-Gruppe und

● füllen Sie das Ganze mit einer großen
Portion Ihrer Persönlichkeit, mit Mut, Fantasie,
Lust und Freude.

Gutes Gelingen!

Einführung

Wenn Kinder Schritte ins Leben wagen

... tun sie das mit Leib und Seele – alle Sinne, ihr ganzer Körper ist daran beteiligt. Augen und Ohren reichen nicht aus – Mund und Hände können viel mehr begreifen!

Was ein Kind in den ersten Lebensjahren lernt, erfährt und ausprobiert, ist für uns kaum nachvollziehbar. Alles muss erst neu entdeckt werden, und immer ist der ganze Körper dabei. Unzählige Erfahrungen werden gemacht, gute und nicht so gute. Immer wieder wird Unbekanntes gewagt, gespürt, »begriffen« und bewusst gemacht. Bekanntes wird verändert und neu entdeckt. Und die Neugier, die Lust auf Neues verlangt immer nach mehr! Kleine Kinder sind richtig »kreativ«!

Viele Erwachsene haben diese spannende Neugier und diesen kreativen Mut leider verloren. Aber als Eltern von kleinen Kindern

haben wir eine große Chance: Wir können unsere Kinder begleiten. Wir können gemeinsam den Weg der Sinne, der Wahrnehmung einschlagen und dabei voneinander und miteinander lernen. Wir können versuchen, uns und unseren Kindern die Neugier auf das Leben zu erhalten!

 *Unsere Welt, unser Leben noch einmal mit unseren Kindern neu zu entdecken, kann unsere eigenen Wahrnehmungen von der Schöpfung und den Wundern dieser Welt, bis hin zum Bewusstsein des Alltäglichen, bereichern. Eine Chance, die wir uns nicht entgehen lassen sollten!*

Um Kindern ihre Kreativität zu erhalten, sollten Eltern auf einiges achten:

- den Kindern genügend Zeit zum Ausprobieren lassen (lassen Sie sich selbst auch genügend Zeit ...!);
- vorschnelle Lösungsvorschläge und Anleitungen vermeiden;
- der Weg ist das Ziel – nicht ein vorzeigbares Produkt;
- den Kinder zeigen, dass man selbst auch gerne etwas ausprobiert (schließlich sind wir Vorbild Nr. 1);
- äußere Bedingungen schaffen, die uns nicht einschränken (Fingerfarben im Wohnzimmer machen sicherlich niemandem Spaß ...);
- möglichst mit viel Grundmaterial spielen – vorgefertigte Basteleien und fertiges Spielzeug lassen der Fantasie keinen Platz;
- lieber ganz intensiv mit einem Material spielen und es ausprobieren, statt immer wieder Neues anzufangen.

Weniger ist mehr!

Unsere Kinder werden viel Mut und Sicherheit brauchen, um die eigenen schöpferischen Kräfte zu entwickeln und sich in unserer ergebnisorientierten Gesellschaft als eigenständige Menschen zu behaupten. Hier sind wir als Eltern gefragt! Und wir können auch eine Menge hierfür tun! Viel Vergnügen dabei!

Gemeinsam etwas ausprobieren – ein Schwerpunkt für die Eltern-Kind-Gruppe

Neues zu erleben und kennen zu lernen, macht auch gemeinsam mit anderen Kindern und Eltern Spaß. Ein neues Material, ein neuer Tanz, eine Farbe, ein Naturmaterial usw. können viel Spaß und viele unerwartete Erlebnisse in den Gruppenablauf bringen.

... und auch die Eltern machen mit! Versuchen Sie immer wieder, die Eltern in alle Aktionen mit einzubeziehen! Manche Mütter und Väter sind vielleicht anfangs noch etwas zurückhaltend und unsicher, wenn sie aufgefordert werden, mitzumachen. Doch gemeinsame Erfahrungen machen Mut, und bald ist die »gemeinsame Sache« ganz normal. Manches braucht einfach seine Zeit. Also: Geduld! Es lohnt sich – für die Kinder, für die Eltern und für die Gruppe!

Anregungen und Ideen – immer wieder neu

Wir haben in unseren Eltern-Kind-Gruppen viel ausprobiert und viele schöne gemeinsame Erlebnisse mit unseren Kindern und anderen Familien gehabt. Mit der Zeit bekamen wir Übung im »Ideenerfinden« bzw. im »Irgendetwas-ausprobieren«. Trotzdem waren wir immer wieder froh über neue Anregungen aus Büchern und Zeitschriften, von anderen Eltern und nicht zuletzt unseren eigenen Kindern! Und gerade am Anfang können die Ideen gar nicht vielfältig genug sein. Darum haben wir einiges gesammelt und aufgeschrieben. Von uns ausprobiert, für andere Eltern-Kind-Gruppen als Anregungen zum Mitmachen und Weiterprobieren hier zusammengestellt! Ideensammlungen können glücklicherweise nie allumfassend sein! Weiterentwicklungen und eigene Ideen sind wünschenswert! Ideenvielfalt ist gefragt!

Schreiben Sie sich gelungene Aktionen auf. Vieles ist später wieder verwertbar!

Achtung:
Lassen Sie sich durch die vielen Anregungen zu einem Thema nicht dazu verleiten, zu viel auf einmal in der Eltern-Kind-Gruppe machen zu wollen! Lieber nur eine Sache ganz umfassend erleben! Weniger ist mehr!

Das »Drumherum« genießen ...

Machen Sie etwas aus der Einführung eines Materials, eines Tanzes usw.! Der richtige Rahmen stimmt alle – Kinder und Eltern – auf das gemeinsame Tun ein.

Lassen Sie Ihre Fantasie spielen! Entdecken Sie selbst den Spaß am freien Umgang mit den verschiedenen Materialien! Auch hier machen die eigenen Erfahrungen immer sicherer – und Erfahrungen brauchen Zeit! Fangen Sie einfach an, damit sich bald das eigene Vergnügen auf die ganze Gruppe überträgt!

Es gibt so viele tolle Ideen

... in diesem Buch, in anderen Büchern, in Ihren eigenen Gedanken. Trotzdem braucht längst nicht jedes Treffen der Eltern-Kind-Gruppe einen eigenen thematischen Schwerpunkt! Wenn Sie jedes Mal etwas Neues »mitbringen«, setzen Sie sich selbst unnötigerweise ganz schnell unter Druck. Dabei machen auch bekannte Spiele, Lieder, Tänze

und Fingerspiele, die mit der Zeit zu Dauerbrennern in der Gruppe geworden sind, ohne viel Aufwand das Treffen für Kinder und Eltern zu einem schönen gemeinsamen Erlebnis!

Ein schöner Nebeneffekt: Viele Spiele, Lieder und andere Anregungen bleiben nicht auf die Eltern-Kind-Gruppe beschränkt. Sie bieten ein ansprechendes Repertoire für zu Hause, in der Familie, für Gemeindefeste und andere besondere Anlässe – und nicht zuletzt für ein gemeinsames »Schlechtwetter-Programm«.

Unsere Ideenbörse ermöglicht ein gezieltes Suchen nach thematischen Anregungen, soll aber genauso zum Durchblättern und Herumstöbern nach Lust und Laune ermutigen. Lassen Sie sich anregen! Viel Spaß beim Ausprobieren!

Wie fange ich es an?

So, jetzt geht es los! Wir machen ein gemeinsames Programm in der Eltern-Kind-Gruppe! Doch wie und wo fange ich an? Wie führe ich ein neues Lied, ein Fingerspiel ein und wie finde ich einen guten Einstieg in eine Bastelarbeit?

Gut vorbereitet sein!

Je besser Sie jede Aktion, jedes Lied, jeden Tanz vorbereiten, desto sicherer können Sie sein, dass es allen Spaß macht. Also:

- Bastelarbeiten vorher ausprobieren! (Geht das wirklich so leicht, wie es im Buch aussieht, oder ist es für einen Dreijährigen zu schwer?)
- Tanzlieder zu Hause tanzen! (Wie waren die Bewegungen noch einmal? Wie viel Platz werden wir brauchen?)
- Fingerspiele und Lieder auswendig lernen! Die tollsten Sprüche und die schönsten Lieder kommen nicht »rüber«, wenn wir nach jedem vierten Wort in ein Buch schauen müssen ... Lieber bis zum nächsten Mal warten und noch ein bisschen üben, zum Beispiel mit den eigenen Kindern!

Trotzdem wird noch manche Panne passieren – das gehört dazu!

Lieder und Spiellieder

Wenn Sie mutig sind und/oder gut singen können, fangen Sie doch einfach an und trällern Sie das neue Lied. Ein Liedkarton mit dem Text ist für die anderen Erwachsenen hilfreich. So bekommen Sie schnell Unterstützung und die Kinder können bald mitsingen oder -klatschen.

Wenn das Lied vor allen Dingen für die Kinder zum Mitsingen und Mitmachen gedacht ist, sprechen Sie den Text laut und deutlich vor und singen Sie ihn dann Stück für Stück mehrmals hintereinander. Liedbegleitende Bewegungen dienen den Kindern als Hilfestellung, so dass sie bald mitmachen werden, bevor sie den Text richtig können.

Das »Häschen in der Grube« oder der »Krabbelnde Käfer im Gras« werden natürlich vorgespielt (und nicht nur erklärt). Das erleichtert den Kindern das Einsteigen und Mitmachen.

Denken Sie daran: Auch Kinder, die anfangs nicht mitmachen und abseits stehen, nehmen das Lied, das Spiel und die Freude, die bei alledem damit verbunden ist, mit nach Hause. Und oft erzählen die Mütter oder Väter beim nächsten Mal: »Ich musste immer wieder dieses Lied singen oder jenes Spiel spielen ...«

Wiederholtes Spielen mit den Kindern – gerade von neuen Dingen – ist wichtig, damit sie mit dem Neuen vertraut werden. Wiederholungen geben schon den Kleinsten Sicherheit in der Gruppe, also: Auf und nieder, immer wieder – auch wenn's den Erwachsenen manchmal langweilig erscheint.

Fingerspiele

Setzen Sie sich mit den Kindern in den Kreis und fragen Sie: »Wer hat denn heute

seine Zappelmänner dabei? Wo sind denn die Zappelmänner? Hier sind meine!« Zappeln Sie mit Ihren Fingern vor den Kindern und zeigen Sie Ihre zappeligen kleinen Männer. So werden die Kinder auch bald entdecken, dass sie ihre Zappelmänner dabei haben und schon kann es losgehen: »Zehn kleine Zappelmänner zappeln auf und nieder ...« (siehe Kapitel »Horch mal – da klingt ja was!«, S. 113).

Oder suchen Sie bei jedem Kind erst einmal den Daumen ... Alle Daumen hoch in die Luft ... Ja, das ist der Daumen, der schüttelt die Pflaumen ... usw. (siehe Kapitel »Mit allen Sinnen die Welt erobern«, S. 101).

Sie merken schon: Wir suchen am Anfang eines Liedes, Spieles oder Fingerspieles einen gemeinsamen Ausgangspunkt – etwas, das alle Kinder haben oder können ... und dann geht es los! Manche Kinder kommen schneller mit, manche langsamer ... Manche haben auch gar keine Lust und das ist auch in Ordnung ... Irgendwann kommen sie hinzu und sind mittendrin dabei. Gut und hilfreich ist es, wenn es zwischen den Erwachsenen eine Vereinbarung gibt, dass bei einem gemeinsamen Programmpunkt alle Erwachsenen mitmachen, auch wenn die Kinder gerade keine Lust haben. Wenn alle Eltern mitmachen oder etwas vorspielen, wird den Kindern eine Brücke gebaut, über die sie gehen können, um in den Kreis und in die Gruppe zu kommen.

Naturmaterialien

Ich habe heute Nüsse mitgebracht« *(Nüsse auf den Boden schütten).* »Damit will ich euch ein Spiel zeigen. Jeder nimmt sich ...« Mit solch einer Einführung fällt man mit der Tür ins Haus, sie wird wenig animierend sein.

Haben Sie Mut zu mehr! Zum Beispiel: »Jetzt schaut mal, was heute vor meiner Haustür stand!« (*Einen kleinen Sack anschleppen.*) »Der ist ganz schön schwer! Probiert mal, wie schwer der ist!« (*Kinder und Eltern probieren.*) »Was da wohl drin ist? Fühlt mal!« (*Kinder und Eltern fühlen.*) »Horcht mal – ich schüttle den Sack!«

»Wer traut sich, in den Sack hinein zu fassen?« (*Kinder und Eltern wühlen in den Nüssen herum.*) »Jeder darf sich eine Nuss herausnehmen! Spürt mal, wie sich die Nuss anfühlt. Ich kann sie in meiner Hand verstecken. Ihr auch? Horcht mal: Florian ist seine Nuss heruntergefallen. Wie klingt das, wenn alle Nüsse herunterfallen?«

Vielleicht hat die Aktion »Nuss« an dieser Stelle schon ein gutes Ende, und die Nüsse bleiben als freies Spielmaterial liegen. Oder das geplante Spiel wird ausprobiert.

An diesem Beispiel wird sichtbar: Wir Erwachsene können es spannend machen; wir können Kinder neugierig machen; wir können Spaß und Freude am Entdecken weitergeben –; und wir können durch unsere Kinder Dinge selber wieder neu entdecken. Haben Sie beispielsweise Kastanien schon einmal ganz bewusst abgetastet? Die stachelige Schale, das weiche Kastanienbett und die kühle Kastanie? Was für ein kleines Wunder in der Natur ... Lassen Sie sich doch darauf ein und nehmen Sie ihr Kind mit auf Entdeckungsreise.

Transparentpapier

In unserer Ideenbörse kommen immer wieder Gestaltungsideen mit Transparentpapier vor ...

Wir können es hören, unter einem Tuch verstecken oder in einem Säckchen verstauen und damit rascheln. Was kann das sein? Ans Ohr gehalten, klingt das raschelnde Papier ziemlich laut – schon einmal probiert?

Wir können es sehen – vor die Augen gehalten, erleben wir intensive Farbtöne und können unsere Umwelt noch verschwommen wahrnehmen.

Wir können es bearbeiten – reißen, fetzen, schneiden, nach Größe der Fetzen oder Farben sortieren usw. Das macht Spaß; das braucht Zeit; das kann Vorarbeit für ein nächstes Programm sein. Das Transparentpapier an sich fordert zu weiteren Spielen auf, wenn die Kinder Raum und Zeit dafür zur Verfügung haben. Das Entdecken von Transparentpapier ist ein schönes Beispiel dafür,

- dass Kinder neue Dinge ganzheitlich und mit vielen Sinnen erfahren können und wollen,

Mit Kleister und Transparentpapier lassen sich wunderschöne Fenster gestalten!

● dass das Entdecken und Einführen von Materialien schon ein eigener, gemeinsamer, vollkommen ausreichender Programmpunkt sein kann.

Materialien aus dem Haushalt

Joghurtbecher und -gläser, Toilettenpapierrollen, Kakaodosen und vieles mehr sind Gegenstände aus unserem Alltag und aus unserem Haushalt. Als Spielzeug und Bastelmaterial sind sie bestens für unsere Kinder geeignet. Bei vielen unserer Bastelideen durch das ganze Jahr können Sie diese kostenlosen und vielfältig einsetzbaren Dinge gebrauchen. Also sammeln!

Ein großes Tuch bedeckt einen Korb mit Toilettenpapierrollen. »Ich habe euch heute etwas mitgebracht. Wer möchte denn einmal unter das Tuch spähen? Aber nichts verraten ... Alle dürfen nachschauen ... Ja, das sind Papierrollen. Alle dürfen sich eine nehmen, die Kleinen und die Großen ...« Lassen Sie den Kindern Zeit für die verschiedensten Entdeckungen: Die Rolle kann kullern, durch sie können wir besonders laut sprechen, sie fühlt sich etwas rau an, wir sehen damit bis in die andere Ecke des Raumes usw. ... »Ja, und wir brauchen sie heute zum Basteln. Die Rolle soll unser Paradiesvogel werden ...« (siehe Kapitel »Jetzt fängt das schöne Frühjahr an«, S. 130).

Ähnlich können wir beginnen, wenn aus Joghurtbechern Musikinstrumente werden sollen oder wenn Kakaodosen mit Hilfe von bunten Papierschnipseln zur Plätzchendose werden.
Aus zugedeckten Körben oder Papierrollen können auch bunte Seidentücher gezaubert werden, so viele, bis alle eines haben und die Ideen aus »Spiel und Spaß mit Tüchern« ausprobiert werden können.

Pfeifenputzer, Nadeln, Schere usw.

Pfeifenputzer und Nadeln werden in einigen Bastelvorschlägen unserer Ideenbörse verwendet. Eine Schere ist bei den Größeren sehr beliebt ...

Wenn wir den Kindern zeigen, wo es pikst und wie wir vorsichtig mit diesen Gegenständen umgehen können, geraten wir über die Umsicht und Rücksicht der Kleinsten oft nur ins Staunen.

»Der Pfeifenputzer ist lang und kuschelig. Streichel ihn mal ... Wer mag ihn einmal streicheln, komm einmal her ... Ja, da ist er schön weich, und da vorne an der Spitze, da pikst er. Da müssen wir aufpassen und vorsichtig sein.«

Die Nadel pikst und sticht – aua! Alle müssen die Nadel vorsichtig halten: Die Kinder müssen vorsichtig sein. Die Eltern müssen vorsichtig sein! Wer kann die Nadel schon ganz vorsichtig zur Mama tragen?

Wenn Kleinkinder mit spitzen und piksenden Materialien umgehen, hilft uns vielleicht Folgendes:

- Wir suchen für ganz kleine Kinder möglichst geeignete Materialien aus.
- Wir klären die Kinder darüber auf, wie sie damit umgehen sollen. Auch kleine Kinder können durchaus mit »gefährlichem« Handwerkszeug vorsichtig umgehen.

Messer und Säge im Einsatz ...

- Wir stehen begleitend an ihrer Seite, wenn sie zum Beispiel mit Schere, Nadel oder Messer auf Entdeckungsreise gehen: mit viel Vertrauen, einem schnellen Griff und vielleicht auch einmal mit einem Pflaster.

Kleister

Tapetenkleister, etwas dicker als zum Tapezieren angerührt (siehe Anleitung auf der Verpackung), ist der ideale Kleber für Klebeaktionen mit den Kleinsten. Er ist billig, ungiftig, hält Monate in luftdicht verschlossenen Schüsseln oder Gläsern und ist leicht aus Kleidern, von Fenstern u. Ä. zu entfernen.

- Sie können mit den Kindern den Kleister dick auftragen: auf Pappkarton, Schachteln, Papier (das sich dann wellt), Dosen u. Ä. und Gegenstände darauf legen, drücken und schütten (zum Beispiel Watte auf die vorbereitete »Wolke«, Maiskörner und Eicheln auf eine Schuhschachtel für herbstliches Sammelgut, bunten Sand auf eine Pralinenschachtel für die Schatzkiste).
- Sie können aber auch die Gegenstände (zum Beispiel Papierschnipsel, Watteflocken, Muscheln) in den Kleister tauchen und dann auf einer entsprechenden Unterlage (einem Karton, einer Dose, in einem Bilderrahmen) anbringen.
- Wer schmierige Finger nicht mag, kann den Kleister auch mit dem Pinsel auftragen.
- In Verbindung mit Transparentpapier wird er in unserer Ideenbörse sehr oft verwendet: für die Herstellung von Fensterbildern, Tischlaternen, Rasseln usw.

Bastelaktionen

Bastelaktionen in der Eltern-Kind-Gruppe sind mehr als eine Bastelei. Machen Sie sich immer bewusst: Es gibt ganz wenige Bastelarbeiten, die schon für die Allerkleinsten geeignet sind. In der Eltern-Kind-Gruppe wird es immer eine Aktion sein, an der Eltern *und* Kinder beteiligt sind. Es gilt also,

die »Arbeit« aufzuteilen. Das Kind kann – bei schwierigeren Bastelarbeiten – zumindest die Farben aussuchen, Gegenstände zur Mutter bzw. zum Vater tragen, etwas halten usw. Es kann also kleine und wichtige Aufgaben übernehmen.

Manches kann auch zu Hause von »bastelfreudigen« Eltern vorbereitet (zum Beispiel Papierstreifen geschnitten, Kastanien zum Auffädeln vorgebohrt, Käfer vorgezeichnet werden) und zur Fertigstellung in die Eltern-Kind-Gruppe mitgebracht werden. Spaß und Freude stehen im Vordergrund – nicht das perfekte Ergebnis einer Handarbeit!

Manchmal ist ein wunderschönes Fensterbild für das Wohnzimmer – passend zur Jahreszeit – gefragt. Manchmal ist es auch einfach wichtig, dass Kinder in Farbtöpfe tauchen und mit Händen und Füßen künstlerische Werke kreieren dürfen. Unterschiedliche Ansprüche vonseiten der Erwachsenen an die Bastelergebnisse können Konflikte in der Gruppe auslösen – sie können aber auch zu einer Vielfalt des gemeinsamen Programms führen, wenn alle sagen, was ihnen Spaß macht.

In jedem Fall aber können wir uns – gerade bei den Werken unserer kleinen Künstler und Künstlerinnen – viel Zeit zum Staunen, Loben und Bewundern nehmen – unabhängig von unserem eigenen Geschmack!

Und noch einmal: Weniger ist mehr!

Maltechniken für die Kleinsten

Falls die ersten Malversuche Ihrer Kleinen nicht im Sommer neben einem Planschbecken stattfinden können, empfehlen wir einen Malkittel: Ein altes Hemd oder eine alte Bluse wird den Kindern verkehrt herum angezogen, so dass sich die Knöpfe auf dem Rücken befinden. Die Ärmel werden entsprechend gekürzt und eventuell mit einem Gummi versehen, damit Arme und Kleidung gut geschützt sind.

Stellen Sie Papier und Farben – am besten auf einer großen Plastikunterlage – zur Verfügung und lassen Sie die Kinder einfach einmal loslegen. Sie entwickeln dann eine eigene, für sie geeignete Maltechnik.

Manche Kinder und Erwachsene fassen nicht gerne mit Fingern in die Maltöpfe: Dann stellen Sie doch einfach große und kleine Pinsel und Stempel (siehe S. 74) zur Verfügung – auch für Fingerfarben.

Wenn Sie Lust haben, mit Farben kreativ zu sein, wird das auch Ihre Kinder anstecken.

Fingerfarben

Fingerfarben können Sie in großen Flaschen günstig erwerben (in Kaufhäusern, Bastelgeschäften oder über eine Bestellung aus dem Katalog eines Kindergartens). Wenn möglich, lesen Sie das Kleingedruckte auf der Flasche und prüfen Sie, ob die Fingerfarben für Kleinkinder geeignet bzw. frei von Giftstoffen u. Ä. sind.

Die Fingerfarben füllen Sie am besten in kleine Schälchen oder Schüsseln. Aus diesen Gefäßen können große und kleine Leute schöpfen: »pur«, verdünnt mit Wasser, vermischt mit Kleister oder sogar Sand. Da gibt es was zu sehen und zu spüren!

Sie können mit Fingerfarben auf Zeichenblockpapier, auf »Endlos-Papier« einer Zeitungsrolle, auf große Kartons, an Fensterscheiben oder sogar an Wände malen – je nach vorhandenen Möglichkeiten.

Stempel

● Wellpappen-Stempel

Wellpappe, die oft als Verpackungsmaterial verwendet wird, sollten Sie immer aufbewahren. Sie eignet sich zum Beispiel als Stempel für die Kleinsten. Rollen Sie die Wellpappe zusammen – rund, oval, eckig – und fixieren Sie diese Form mit einem Klebeband oder einer Schnur. Der Stempel sollte so groß sein, dass die Kinder ihn gut in eine oder in zwei Hände nehmen können. Wichtig dabei ist, dass die Stempelseite ganz gerade und flach ist. Nun wird das flache Ende in die Farbe eingetaucht und dann damit gestempelt.

Ein 10 cm x 20 cm großer Wellpapierstreifen, der gleichmäßig zusammengerollt wurde, ergibt das untenstehende Muster.

Mit einem solchen Stempel entstehen dann zum Beispiel herrliche Blüten auf einer grünen Blumenwiese ...

Schwammtechnik

Mischen Sie doch einmal Fingerfarben mit Wasser in einer Schüssel und legen ein paar Schwämme (zerschnittene Auto- oder Badeschwämme in verschiedenen Größen) hinzu. Sie werden staunen, wie hier in den schönsten Farben und Formen gestempelt, gewischt und gemalt werden kann.

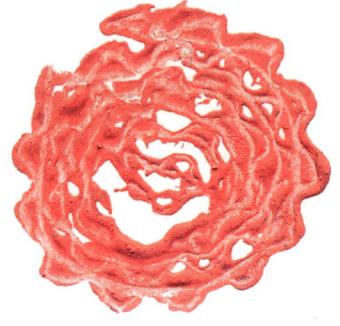

Probieren Sie' s doch einfach einmal aus und lassen Sie sich von Ihren eigenen Ideen leiten ...

● Kork- und Lederstempel

Ein Korken aus der Sekt- oder Weinflasche kann zu einem einfachen Stempel werden. Besonders reizvolle Stempel können Sie herstellen, wenn Sie auf Leder, das Sie in Bastel- oder Ledergeschäften bekommen (Abfälle), oder Kork (Bodenbelagreste) ein Motiv aufmalen und es ausschneiden. Mit Heißkleber auf einen Holzbaustein geklebt – und der Stempel ist fertig. Sie können sich auf diese Weise eine persönliche Stempelsammlung für das ganze Jahr zusammenstellen: Sterne zur Weihnachtszeit, Blüten im Frühjahr, Blätter im Herbst.

Der Stempel wird in die Farbschüssel getaucht und dann auf ein Blatt Papier oder einen Karton gedrückt ... oder Sie streichen mit den Kindern ein Blatt Papier dick mit Farbe ein und drücken dann den Stempel darauf, das gibt hübsche Effekte. So können Sie zum Beispiel Geschenkpapier herstellen – handgemacht, einmalig und künstlerisch wertvoll!

● Pinsel als Stempel

Der Pinsel aus dem Malkasten kann nicht nur zum Malen, sondern auch zum Stem-

peln verwendet werden. (Hier kommen alte und gebrauchte Pinsel zum Einsatz!) Entweder bekommt der Stempelabdruck eine längliche Form (der nasse Pinsel liegt auf einer Seite auf) – oder aber eine Sonnen- bzw. Sternform (der Pinsel wird senkrecht aufgedrückt, so dass alle Borsten kreisförmig auseinandergehen).

● Gummitier-Pfoten und Spielzeugautoreifen werden zu Stempeln

Diese Technik haben unsere Kinder selbst erfunden. Sie tauchen hierbei ein Gummitier (zum Beispiel den beliebten Dino) in die Farbschüssel und lassen ihn über das Blatt tappen. Ein ebenso hübsches Form- und Farbenschauspiel ergeben die Spuren von Traktorreifen, die vorher in einer Farbschüssel »auf- und abgefahren« sind. Hier entstehen ganze Geschichten auf einem Blatt Papier.

● Der Schwamm als Stempel

Der Vollständigkeit halber sei hier noch einmal der Schwamm als idealer Stempel erwähnt (siehe weiter oben, Schwammtechnik). Hier können die Kleinsten schon gut zugreifen, den Schwamm festhalten und ihrer kreativen Ader freien Lauf lassen.

Wachsmalkreiden

Sie kennen sicherlich die handelsüblichen Wachsmalstifte ... Es gibt sie in verschiedenen Formen und Qualitäten. Die einen haben eine kräftige Farbe, die anderen sind eher etwas blass. Es gibt teure, umweltfreundliche und billige im Großpack! Es gibt dicke Stifte und dünne mit einer Plastikhülle zum Schutz vor dem Abbrechen. Wir haben gute Erfahrungen mit den *Wachsmalblöcken* gemacht. Kleine Kinder können sie relativ gut festhalten, und es kommt nicht so sehr darauf an, wie sie gehalten werden, damit Farbe aufs Papier kommt.

Wasserfarben

So schön ein neuer Wasserfarbkasten am Anfang auch ist – er verliert schnell seinen Reiz, wenn alle Farben vermischt wurden und nur noch ein Einheitsbraun zur Verfügung steht. Besser sind die großen Wasserfarbblöcke, die es günstig – einzeln oder im Sortiment – zu kaufen gibt, die in einzelne Farbbehälter gegeben und auch immer wieder nachgefüllt werden können, wenn eine

Farbe zu Ende ist. Meistens gibt es diese großen, einzelnen Wasserfarben in Kindergärten. Fragen Sie doch dort einmal nach, wenn Ihr Bastel- oder Schreibwarenladen Ihnen nicht weiterhelfen kann.
Als Hilfsmittel für das Malen mit Wasserfarben gibt es besondere Pinsel für die Kleinsten. (Siehe nebenstehende Zeichnung.) Sie kommen dem »Pfötchengriff« der Kleinen durch ihre Form sehr entgegen und haben etwas widerstandsfähigere Borsten als ein normaler Pinsel.

Beim Farbenentdecken und Malen gibt es kein Richtig und kein Falsch – es gibt nur künstlerische Freiheit!

Die Kinder entdecken ihre Lust am Malen früher oder später von alleine, wenn wir ihnen die Möglichkeiten dazu geben. Und den Erwachsenen wünschen wir viel Mut, Farben wieder neu zu erleben. Geeignete Materialien, entsprechende Räumlichkeiten und viel Zeit sind in jedem Fall eine gute Voraussetzung für einen gelungenen Start.

Kinderbilder – in einer Ecke mit Namen und Datum versehen, mit oder ohne Rahmen aufgehängt – machen Kinder und Eltern froh und ein bisschen stolz und sind später einmal (vielleicht in ca. 20 Jahren) ein originelles Geschenk an den Künstler bzw. die Künstlerin.

Dauerbrenner

Nochmal! – Manche Spiele und Lieder wollen Kinder immer wieder mitmachen. Jeder kennt sie auswendig, und sie machen Spaß. In jeder Eltern-Kind-Gruppe, in der regelmäßig gemeinsam gespielt, getanzt und gesungen wird, werden sich mit der Zeit solche »Dauerbrenner« herauskristallisieren. Auch wir hatten natürlich unsere Dauerbrenner, von denen Sie vielleicht einfach einmal einige ausprobieren wollen.

Lieder

Begrüßungslieder lassen sich sehr schön im Kreis singen. Wir können uns dabei die Hand geben (wie beim »Guten Tag«-Segen), einladende Handbewegungen machen oder das Lied einfach so singen.

Guten Morgen, liebe Leute

Text: Rolf Krenzer
Musik: Sigfried Fietz

Gu-ten Mor-gen, lie-be Leu-te! Sagt, sind denn auch

heu-te eu-re Bei-ne schon wach? Seht lie-ber mal

nach! Seht mal nach! Seht mal nach! Ja, die Bei-ne sind

wach! Seht mal nach! Seht mal nach! Ja, die Bei-ne sind wach!

eure Hände, eure Finger, eure Füße, eure Haare usw.

Guten Morgen, liebe Leute!
Sagt, seid ihr auch heute,
so ganz richtig wach?
Seht lieber mal nach!
Seht mal nach!
Seht mal nach!
Ja, wir sind richtig wach!

Sind wir wirklich schon wach? Beim Singen schauen wir uns alle Körperteile ganz bewusst an und bewegen sie fröhlich.

Pitsch und Patsch

Text und Musik: Detlev Jöcker

Pitsch und patsch! Pitsch und patsch! Der Re-gen macht die Haa-re nass. Tropft

von der Na-se auf den Mund und von dem Mund dann auf das Kinn und

von dem Kinn dann auf den Bauch. Dort ruht der Re-gen sich jetzt aus... und

springt mit ei-nem gro-ßen Satz auf die Er-de. Platsch!

Unsere Fingerkuppen sind die fallenden Regentropfen: Sie tröpfeln auf den Kopf, die Nase, den Mund, das Kinn und den Bauch. Hier auf dem Bauch kann sich der Regen mit beiden flachen Händen ausruhen, bis er zum Schluss mit beiden Armen nach oben geworfen wird und anschließend mit lautem »Patsch« auf der Erde ankommt. Dazu gehen wir ganz schnell in die Hocke und schlagen mit den flachen Händen auf den Boden.

Ich schaukel auf dem Wasser

Text: Lore Kleikamp
Musik: Detlev Jöcker

Ich schau - kel auf dem Was - ser, erst nach links und
dann nach rechts. Die Win - de wehn, die Wel - len gehn, mein
Boot fährt ü - bers Meer.

2. Ich werfe meine Netze ...
3. Ich schaue übers Wasser ...
4. Ich wink' zu andern Fischern ...
5. Ich zieh die Netze ein, erst von links und dann von rechts ...

Wir sitzen in einer oder in mehreren langen Reihen hintereinander. Jede Reihe stellt ein Boot dar, in dem Fischer sitzen: Wir schaukeln gemeinsam nach links und rechts über das Wasser. Während des Liedes machen wir die Bewegungen der Fischer nach: Wir werfen Netze mit den Händen aus, schauen mit der Hand über den Augen über das Wasser, winken fröhlich und ziehen mit äußerster Anstrengung die schweren Netze ins Boot.

Aufräumlied

Überliefert

Wer bringt mir al - le Stei - ne, hört mal al - le her, wer bringt mir al - le Stei - ne,
das ist gar nicht schwer! Die Stei - ne, die Stei - ne, das ist gar nicht schwer!

Das »Aufräumlied« macht das unumgängliche Aufräumen zum Spiel! Nicht das unüberschaubare »Alles« muss aufgeräumt werden – stattdessen warten alle gespannt darauf, was als Erstes bzw. als Nächstes drankommt. Häufig wird ein richtiges Wettspiel daraus.

Alle Leut gehn jetzt nach Haus

Überliefert

Al - le Leut, al - le Leut gehn jetzt nach Haus!

Gro - ße Leut, klei - ne Leut, di - cke Leut, dün - ne Leut.

Al - le Leut, al - le Leut gehn jetzt nach Haus!

Alle stehen im Kreis. Während der Anfangs- und Schlusszeile wird fröhlich geklatscht. Große, kleine, dicke und dünne Leut können wir wunderbar mit unseren Händen und Armen darstellen: Große Leut, indem wir die Hände in die Höhe recken, kleine, indem wir sie tief nach unten halten, dicke, indem wir unseren Bauchumfang mit den Armen weit und rund machen und für die dünnen Leut halten wir beide Handflächen dicht aneinander. Zweimal nacheinander gesungen macht das Lied noch einmal so viel Spaß.

Herhör'n, hallo

Überliefert

Her - hör'n, hal - lo! Her - hör'n, hal - lo!
Her - hör'n, hal - lo! Her - hör'n, hal - lo!

Her - hör'n, hal - lo! Der Mi - ni - club ist aus!
Her - hör'n, hal - lo! Wir ge - hen jetzt nach Haus.

Für dieses Lied werden die Hände wie ein Schalltrichter vor den Mund gehalten, damit das »Herhör'n, hallo« auch wirklich von allen gehört wird. Spätestens bei der zwei- ten Strophe singen alle mit. Vielleicht singen es alle noch einmal von vorn? Wer mag, kann sich bei »Wir gehen jetzt nach Haus« zu- winken.

Fertig, fertig, Schluss und aus

Text und Musik: Gerda Bächli

Fer - tig, fer - tig, Schluss und aus, al - le ge - hen jetzt nach Haus.

Viel gibt's noch zu spie - len, wer - det es schon sehn, und

da - rum soll's am (Don - ners - tag) wei - ter - gehn.

Wer mag, kann beim Singen mitklatschen.

Tänze

Ringel, Ringel, Reihe

Überliefert

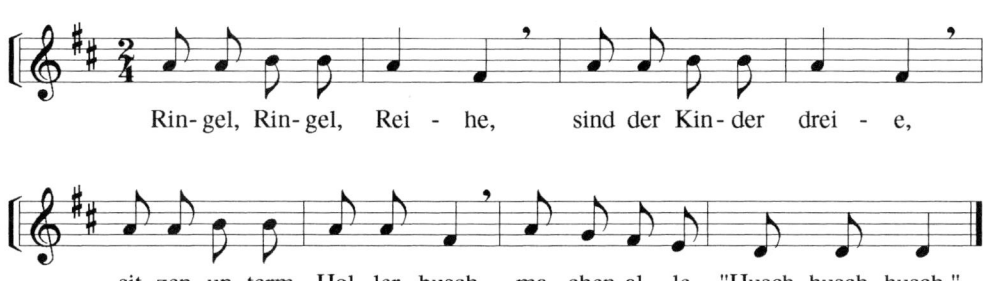

Rin- gel, Rin- gel, Rei - he, sind der Kin- der drei - e,

sit- zen un- term Hol- ler- busch, ma- chen al - le "Husch, husch, husch."

Alle fassen sich an den Händen und gehen im Kreis. Bei »Husch, husch, husch« bleiben alle stehen und gehen dreimal kurz in die Hocke.

Ei, wie langsam

Überliefert

Ei, wie lang- sam, ei, wie lang- sam kommt der Schneck von sei- nem Fleck!
Sie- ben lan- ge Ta- ge braucht er von dem Eck ins an- dre Eck.

Ach, wie würd´ ich schnel- ler lau- fen, wenn ein klei- ner Schneck ich wär!

Anfangs darf jeder für sich eine Schnecke sein: Wir schleichen wirklich ganz langsam, fast schleppend durch den Raum und werden dann in der Schlusszeile deutlich schneller ...! Wichtig dabei ist, dass die Kinder den Tempowechsel aufnehmen. Wenn alle sicherer sind, versuchen wir, gemeinsam eine Schnecke darzustellen: als lange Reihe oder im Kreis.

Ein kleines graues Eselchen

Überliefert

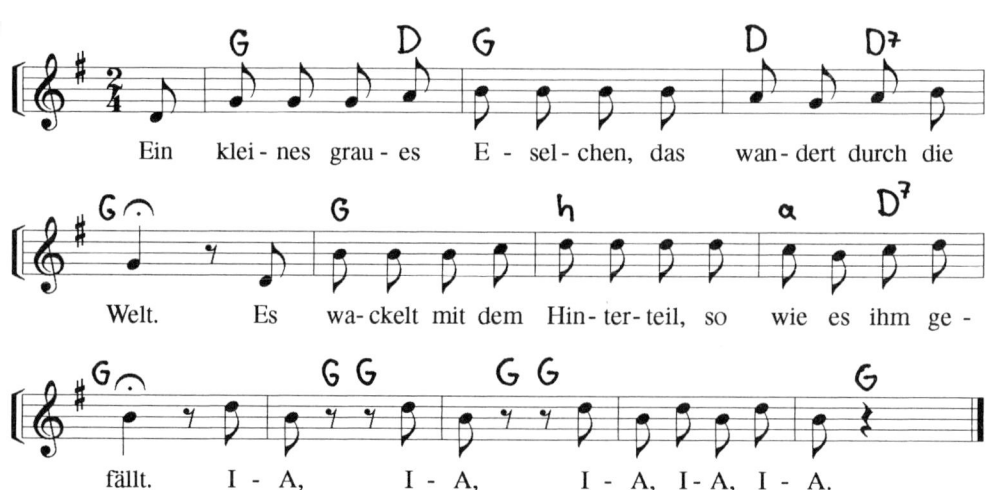

Ein klei - nes grau - es E - sel - chen, das wan - dert durch die

Welt. Es wa - ckelt mit dem Hin - ter - teil, so wie es ihm ge -

fällt. I - A, I - A, I - A, I - A, I - A.

Alle »Eselchen« wandern trappelnd im Kreis herum, ohne sich an den Händen zu fassen. Dann bleiben alle stehen und wackeln lustig mit dem Po. Bei »I-A« nicken die Esel deut-lich mit dem Kopf. Die Allerkleinsten haben übrigens viel Spaß, wenn sie bei Mama Esel oder Papa Esel auf den Schultern sitzen dürfen …!

Zisch, zisch, zisch, die Eisenbahn

Überliefert

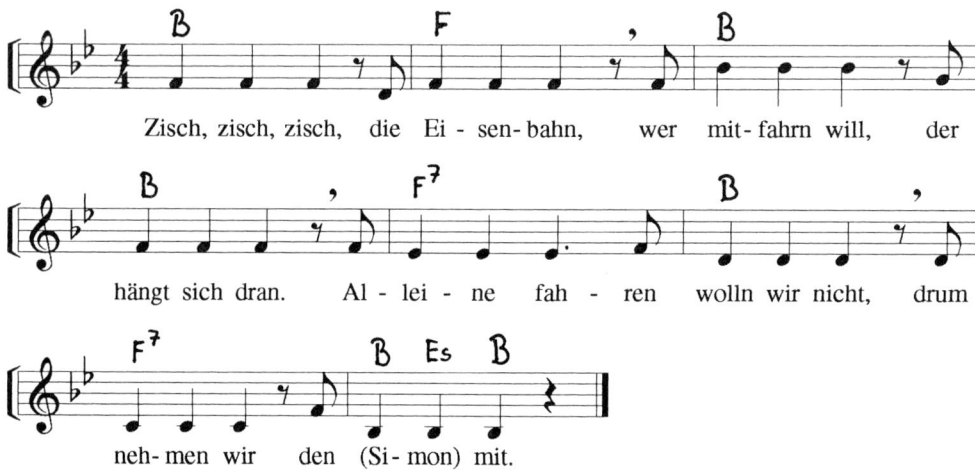

Zisch, zisch, zisch, die Ei - sen - bahn, wer mit - fahrn will, der

hängt sich dran. Al - lei - ne fah - ren wolln wir nicht, drum

neh - men wir den (Si - mon) mit.

Eine Mutter oder ein Vater stellt die Lokomotive dar und fängt an, singend durch den Raum zu »fahren« (angewinkelte Ellenbogen, die sich kreisförmig bewegen, können die Darstellung der Dampflok unterstützen). Die Lokomotive sammelt dann nacheinander alle ein, bis ein langer Zug entstanden ist – dabei singen alle immer wieder das Lied.

1, 2, 3 im Sauseschritt

Text: Lore Kleikamp
Musik: Detlev Jöcker

Alle laufen in einem großen Kreis durch den Raum. Das aufgerufene Kind darf dann einige überholen, bis alle stehenbleiben, um sich zu bücken, sich zu strecken, sich zu drehen, viermal zu klatschen und zu stampfen. Dann bleiben alle kurz regungslos stehen und das Lied kann von vorne beginnen.

Der Biber-Mäuse-Katzen-Flöhe-Hasen-Tanz

Text und Musik:
Dorothée Kreusch-Jacob

Der Bi-ber zupft die Maus am Schwanz. Komm, tan-zen wir, komm,

tan-zen wir den Bi-ber-mäu-se-tanz. Komm, mach mit!

Schritt für Schritt! Erst rechts, dann links, dann rund-he-rum, und

ha-ben wir zu doll ge-dreht, dann fall'n wir ein-fach um!

2. Die Maus, die zupft die Katz am Schwanz.
   Komm, tanzen wir,
   komm, tanzen wir
   den Bibermäusekatzentanz.

   Komm, mach mit! Schritt für Schritt! ...

3. Die Katz, die zupft den Floh am Schwanz.
   Komm, tanzen wir,
   komm, tanzen wir
   den Bibermäusekatzenflöhetanz.

   Komm, mach mit! Schritt für Schritt! ...

4. Der Floh, der zupft den Has am Schwanz.
   Komm, tanzen wir,
   komm, tanzen wir
   den Bibermäusekatzenflöhehasentanz.

   Komm, mach mit! Schritt für Schritt! ...

5. Der Has, der zupft ...
   (und wie geht's weiter?)

Der »Biber« fängt an und sucht sich eine »Maus«. Beide tanzen zu dem von allen gesungenen Lied den beschriebenen Tanz – bis sie umfallen! Mit jeder Strophe kommt ein Tier hinzu und der Name des Tanzes wird immer länger – und der Tanz immer lustiger ...! Achtung: Bei kleinen Kindern nicht gleich alle Strophen singen – lieber öfter von vorn anfangen oder mehrere »Biber« den Tanz beginnen lassen!

Ich bin ein kleiner Tanzbär

Überliefert

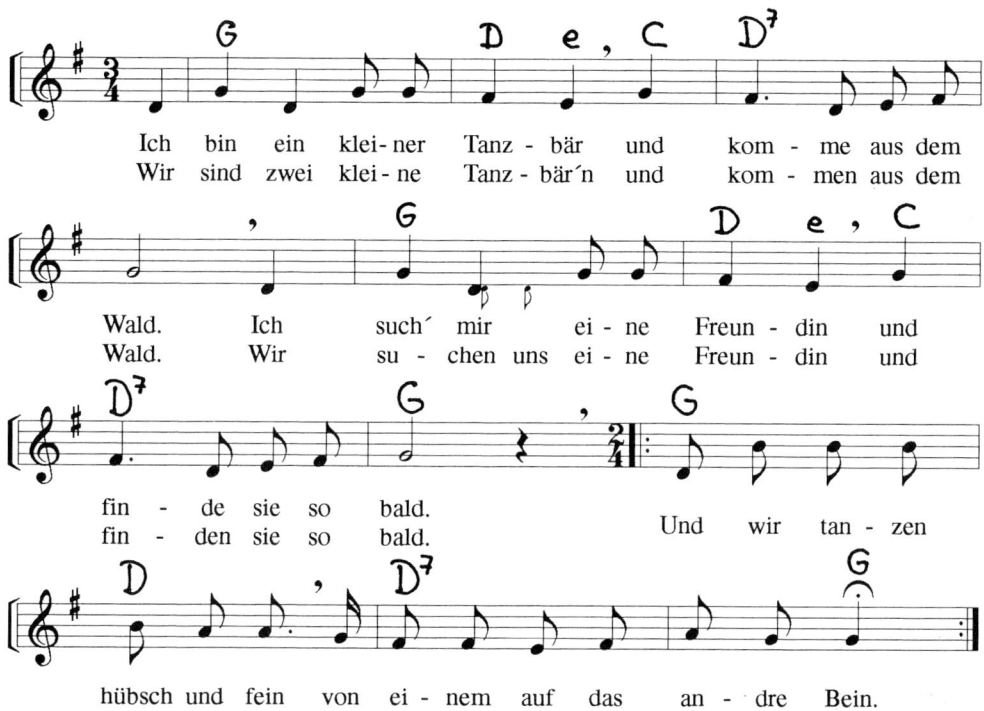

Ich bin ein klei-ner Tanz-bär und kom-me aus dem
Wir sind zwei klei-ne Tanz-bär'n und kom-men aus dem

Wald. Ich such' mir ei-ne Freun-din und
Wald. Wir su-chen uns ei-ne Freun-din und

fin-de sie so bald.
fin-den sie so bald. Und wir tan-zen

hübsch und fein von ei-nem auf das an-dre Bein.

Alle »Tanzbären« tanzen im Wiegeschritt und sehr bedächtig frei durch den Raum. Sie suchen sich einen Freund oder eine Freundin und tanzen den Schluss des Liedes gemeinsam. Er wird etwas schneller gesungen.

Der Tanz kann auch mit einem Bären beginnen. Es werden dann so viele Strophen gesungen, bis alle tanzen.

Si-Sa-Singemaus

Text: Detlev Jöcker
Musik: Anke und Detlev Jöcker

Si - Sa - Sin - ge - maus, singst he - raus aus dei - nem Haus,

durch die Fens - ter, durch die Tü - ren, willst zum Sin - gen mich ver - füh - ren.

Si - Sa - Sin - ge - maus, singst he - raus aus dei - nem Haus.

2. Kri-Kra-Krabbelmaus,
   krabbelst rum in deinem Haus,
   durch die Fenster, durch die Türen,
   willst zum Krabbeln mich verführen,
   Kri-Kra-Krabbelmaus,
   krabbelst rum in deinem Haus.

3. Kli-Kla-Klettermaus,
   kletterst raus aus deinem Haus,
   durch die Fenster, durch die Türen,
   willst zum Klettern mich verführen,
   Kli-Kla-Klettermaus,
   kletterst raus aus deinem Haus.

4. Ti-Ta-Tanzemaus,
   tanzt voll Freude um dein Haus,
   durch die Fenster, durch die Türen,
   willst zum Tanzen mich verführen,
   Ti-Ta-Tanzemaus,
   tanzt voll Freude um dein Haus.

5. Schni-Schna-Schnarchemaus,
   schnarchst heraus aus deinem Haus,
   durch die Fenster, durch die Türen,
   willst zum Schnarchen mich verführen,
   Schni-Schna-Schnarchemaus,
   schnarchst heraus aus deinem Haus.

Ein Tisch, ein großes Tuch oder ein Kreis von Erwachsenen bilden das Mäusehaus. Eins, mehrere oder alle Kinder sitzen im Haus und singen, krabbeln, klettern, tanzen und schnarchen. Ob sie wohl die Eltern bzw. die anderen Kinder zum Nachmachen verführen können?

Häschen in der Grube

Überliefert

Häs- chen in der Gru - be, saß und schlief, saß und schlief. "Ar- mes Häs- chen bist du krank, dass du nicht mehr hüp- fen kannst? Häs- chen hüpf, Häs-chen hüpf, Häs - chen hüpf!"

Ein »Häschen« sitzt im Kreis und schläft, bis es fröhlich herumhüpft – vielleicht zum nächsten Häschen? (Bei diesem Spiel werden auch gerne Kuscheltiere mit in das Nest genommen.)

Kniereiter

Es fährt ein Schiffchen auf dem Meer

**Es fährt ein Schiffchen auf dem Meer –
es schaukelt hin, es schaukelt her.
Da kommt ein großer, starker Sturm –
und bläst mein Schiffchen einfach um!**

Unser Kind sitzt auf dem Schoß, so dass wir uns gegenseitig ins Gesicht schauen können. Das Schiffchen schaukelt sanft auf unseren Beinen hin und her. Der große, starke Sturm lässt die Wellen höher schlagen (Beine auf und ab bewegen) und bläst in die Haare des Kindes (pusten) – bis das Schiffchen seitlich oder nach hinten umfällt (das Kind an den Armen oder am Körper festhalten).

Hoppe, hoppe, Reiter

Überliefert

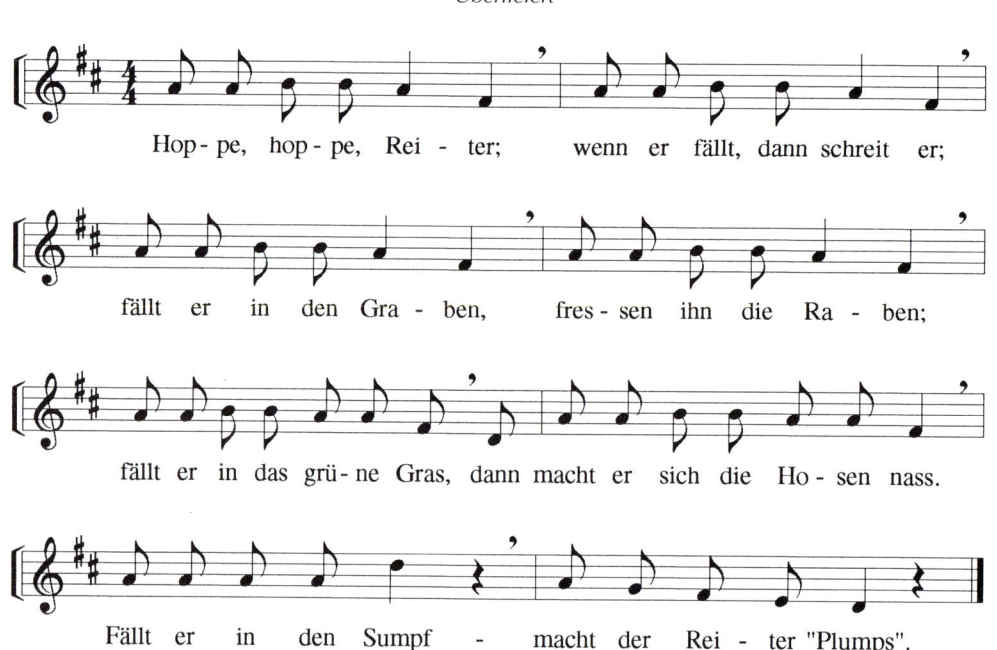

Hop - pe, hop - pe, Rei - ter; wenn er fällt, dann schreit er;

fällt er in den Gra - ben, fres - sen ihn die Ra - ben;

fällt er in das grü - ne Gras, dann macht er sich die Ho - sen nass.

Fällt er in den Sumpf - macht der Rei - ter "Plumps".

Ein Kind reitet auf den Beinen von Mama oder Papa und fällt (an den Armen gehalten) bei »Plumps« zwischen ihre oder seine Knie. Die große Schwester will auch mitreiten? Wenn beide auf dem Pferd Platz haben, warum nicht ... (Geben Sie Acht, dass die Köpfe der Kinder nicht aneinanderstoßen!) Ob der Kuschelbär auch einmal Lust hat, auf den Knien des Kindes zu reiten ...?

Fingerspiele

Steigt ein Büblein auf den Baum

Überliefert

Steigt ein Büb-lein auf den Baum. Steigt so hoch; man sieht es kaum.

Hüpft von Ast zu Äst - chen; schlüpft ins Vo-gel - nest - chen.

Ei, da knackt es - hei, da kracht es-plumps, da liegt es un - ten.

Ein Arm wird angewinkelt nach oben gehalten bzw. mit dem Ellenbogen auf dem Tisch abgestützt: Das ist der Baum. Die Hand bildet die Baumkrone mit fünf Ästen. Die andere Hand ist das Büblein. Die Finger klettern den Baumstamm hinauf, hüpfen von einem Ast zum anderen, schlüpfen in das Nestchen (die Baumkrone bildet das Nest). Bei »Plumps« fällt die »Bübleinhand« mit einem lauten Klatsch auf den Boden, den Tisch oder den Oberschenkel. Das Spiel kann jeder für sich spielen, anfangs klettert das »Büblein« der Mama eventuell auf den Baum des Kindes.

Zehn kleine Zappelmänner (siehe Kapitel »Horch mal – da klingt ja was!«, S. 113)

Das ist der Daumen (siehe Kapitel »Mit allen Sinnen die Welt erobern«, S. 101)

Spiel und Spaß mit Tüchern

Aus einer Reihe von Gestaltungsideen, die auch schon für die Kleinsten mit ihren Müttern oder Vätern geeignet sind, haben wir eine Ideensammlung mit Tüchern zusammengestellt. Wie viele wunderbare Ideen in einem Tuch stecken, ist kaum zu glauben. Und die kleinen Kinder entdecken meist die schönsten Spiel- und Verkleidungsmöglichkeiten, wenn Erwachsene sie dazu anregen, ihnen Zeit lassen und die Freude mit ihnen teilen.

Tücher erleben

Besonders geeignet sind hier Seidentücher und -schals in verschiedenen Größen, eventuell selbst gestaltet.

Jeder hat ein Tuch

Eltern und Kinder haben je ein Tuch ... und können damit auf Entdeckungsreise gehen, die eventuell von dem Lied *Mannomann* begleitet wird (siehe Kapitel »Jetzt fängt das schöne Frühjahr an«, S. 132). Dabei können alle

- mit dem Tuch winken,
- mit einem Tuchzipfel einander kitzeln,
- das Tuch als Kopftuch aufsetzen,
- das Tuch als Haarband verwenden,
- das Tuch wie einen Umhang umbinden,
- das Tuch zum Beispiel dem Teddy als Windel anlegen,
- sich mit dem Tuch zudecken,
- mit dem Tuch etwas transportieren: Zum Beispiel wird ein Schmusetier oder Spielzeug auf ein Tuch gelegt, das Tuch an einer Ecke gefasst und durch das Zimmer gezogen,
- Tücher zur Musik bewegen.

Zwei haben ein Tuch und spielen damit ...

- **Das Guck-Guck-Spiel** (ein ganz wichtiges Spiel): Das Kind wird unter dem Tuch versteckt und mit großem »Hallo« wieder entdeckt. Auch die Erwachsenen können sich verstecken und entdecken lassen.
- **Fangen:** Das Tuch wird einem Kind hinten in den Hosen- oder Rocksaum gesteckt. Dann läuft das Kind davon und die Mutter bzw. der Vater muss versuchen, das Tuch zu erwischen. Und umgekehrt: Die »Großen« stecken sich das Tuch als »Schwänzchen« an und die Kinder müssen jetzt das Tuch fangen.
- **Das Pferdchen-Spiel:** Das Tuch wird wie ein Zügel um die Hüfte gebunden. Ein anderes Kind oder ein Erwachsener hält die Zügel fest und dann geht's los.
- **Mit dem Schaukeltuch:** Ein Schmusetier wird auf das Tuch gelegt. Eltern und Kinder halten es an beiden Seiten fest, nehmen das Tuch vorsichtig hoch und schaukeln das Schmusetier hin und her ...

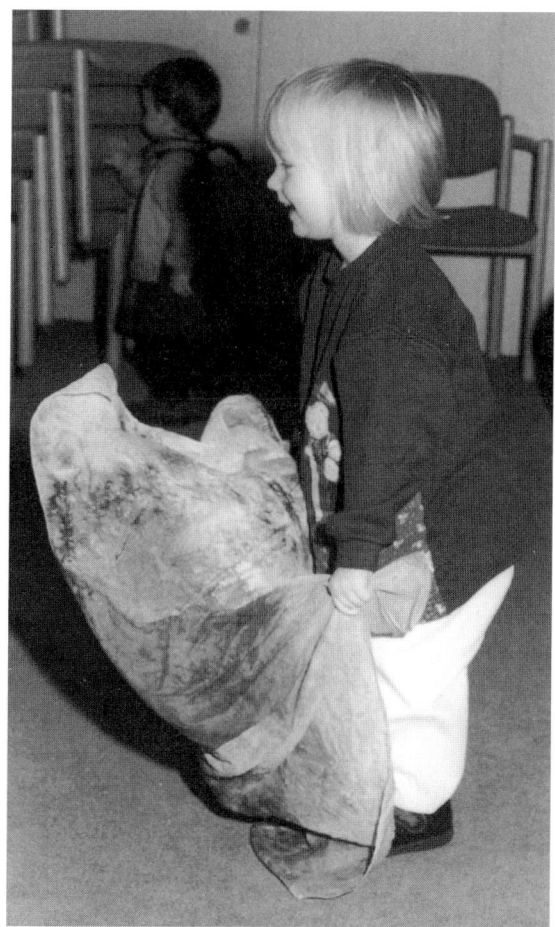

Alle machen mit: Tücher als Gemeinschafts- und Gruppenerlebnis

- Legen Sie die Tücher in Form eines Quadrates oder Rechteckes nebeneinander und verknoten Sie die Enden miteinander (es entsteht ein **bunter Tücherteppich**): Wir können barfuß oder in Strümpfen einen Weg auf den Tüchern gehen bzw. tanzen und/oder den Teppich gemeinsam auf und ab bewegen (eventuell zu einer Musik).

- Mütter und Väter halten die Tücher in Hüfthöhe hoch und stellen sich so nebeneinander (im Kreis/im Viereck), dass sie mit den Tüchern zum Beispiel ein **Haus** bilden. Im Haus lässt sich wunderbar spielen: »Si-Sa-Singemaus«, »Häschen in der Grube« ... (siehe Kapitel »Dauerbrenner«, S. 88/89)
- Wir machen Knoten in unser Seidentuch und stecken den Zeigefinger in den Knoten – schon haben wir **Figuren für ein Theaterstück!**

Tücher als Hilfsmittel

- Ein Gegenstand unter einem Tuch kann bewusst **erfühlt** werden, bevor ihn die Kinder sehen können (zum Beispiel Kastanien, Transparentpapier).
- Ein Glöckchen oder ein anderes Instrument – unter einem Tuch versteckt – kann bewusst **gehört** werden, bevor die Kinder mit der Musik beginnen.
- Tücher – **auf eine Wäscheleine gehängt** – laden ein zum Spielen und Toben, Fangen und Verstecken.
- Mit einem braunen »Erdentuch«, einem blauen »Wassertuch« und einem grünen »Wiesentuch« lässt sich eine kurze **Geschichte** gestalten.

Betttücher erleben

Hierfür benötigen Sie Betttücher in einer Größe von ca. 1m x 2m oder 2m x 2m, die Sie weiß belassen oder mit verschiedenen Techniken färben können (siehe nachfolgende Anleitung).

- Zwei Erwachsene **schaukeln** ein Kind oder mehrere Kinder in einem Betttuch. Dazu singen wir das einfache Lied »Schaukeln, schaukeln, tralalalala« (siehe S. 95).
- Ein Betttuch wird zum heiß begehrten **Transporttuch:** die Kinder nehmen Platz und los geht die kurvenreiche Reise durch den Raum.

Schaukeln, schaukeln, tralalalala

Schau - keln,   schau - keln,   tral - la - la - la - la,

schau - keln,   schau - keln,   tral - la - la - la - la.

● Kinder und Erwachsene fassen das große Tuch an und ziehen es nach allen Seiten auseinander. Jetzt können ein **Luftballon** oder ein **Ball** u. Ä. darauf bewegt werden (probieren Sie verschiedene Möglichkei-

ten aus). Durch kräftiges Auf- und Abbewegen können Sie **Wind** oder **Wellen** erzeugen (vielleicht setzen sich ein Kind und ein Erwachsener in die Mitte und lassen sich vom Wasser schaukeln). Sie können mit dem Tuch auch **»Ringel, Ringel, Reihe«** singen und tanzen und sich dabei um die Mitte drehen (siehe Kapitel »Dauerbrenner«, S. 83). Eine andere Möglichkeit ist, dass sich alle setzen und die Beine mit dem Tuch zudecken (**»Meine Beine sind verschwunden, ich habe keine Beine mehr«,** siehe Kapitel »Mit allen Sinnen die Welt erobern«, S. 99) oder das Tuch zusammenwursteln (mit Krabbelkäfer-Fingern), bis alle sich in der Mitte treffen.

- Welches Kind hat sich mit seiner Mutter oder seinem Vater unter dem Tuch **versteckt?**
- Mit Betttüchern **eine Höhle oder ein Haus »bauen«** (zum Beispiel, indem Sie ein Betttuch über einen Tisch hängen).
- Hängen Sie ein Betttuch über eine **Wäscheleine** im Garten und verstecken Sie sich.

Wenn Sie die Tücher erst einmal haben und damit spielen, fallen Ihnen und den Kindern sicher immer wieder neue Ideen ein. Ob Baby oder Erwachsener: Von den Formen und Farben lassen sich alle begeistern und ansprechen!

Wie Sie Tücher bemalen und färben können

Seidentücher

Diese Technik ist schon für kleine Kinder geeignet. Machen Sie das Tuch nass, drücken es wieder gut aus, breiten es auf einer Plastikunterlage aus und knüllen es mit

---

Tipp: Nehmen Sie Seidenmalfarben, die durch Bügeln fixierbar sind. Hellere Farbtöne entstehen, wenn die Seidenmalfarben mit Wasser verdünnt werden. Verdünnte oder gemischte Farben können in gut verschließbaren Gläsern aufgehoben werden. Seidenmalfarben sind in Bastelgeschäften, Kaufhäusern oder im Kindergartenversand erhältlich.

Weil die Farben sich nicht mehr aus der Kleidung entfernen lassen: Malerkittel anziehen (von einem alten Herrenhemd die Ärmel entsprechend kurz abschneiden und den Kindern verkehrt herum anziehen). Wenn Sie keinen Raum haben, in dem sie nach Herzenslust färben und werkeln können, empfiehlt es sich, schönes Wetter abzuwarten und das Ganze im Freien auszuprobieren.

den Fingern an verschiedenen Stellen zusammen. Um es zusammenzuknüllen, können Sie einfach mit Krabbelfingern das Tuch zusammenschieben oder kleine Zipfel drehen und mit einer Wäscheklammer zusammenzwicken. Dann wird munter mit Farbe getupft und gespritzt und gemalt. Entweder nach Lust und Laune kunterbunt oder aber gelb für ein Sonnentuch, grün für ein Wiesentuch, braun für einen Erdentuch usw. Wichtig ist jetzt, dass das Tuch nass liegen bleibt und nicht mehr berührt wird, bis es getrocknet ist. (Wenn's ganz schnell gehen soll, helfen Sie mit einem Föhn nach, verändern Sie dabei aber nicht die Tuchform, bis die Farbe angetrocknet ist!) Wenn Sie dann das Tuch öffnen, weist es sehr hübsche Effekte auf, weil die Seidenfarben unterschiedlich verlaufen sind.

Probieren Sie es einmal zu Hause aus, bevor Sie in der Gruppe gemeinsam Tücher bemalen oder färben.

Betttücher

Unsere Betttücher haben wir aus Omas Wäscheschrank oder vom Altenheim geschenkt bekommen. Sie lassen sich in der Waschmaschine mit entsprechenden Farben (aus der Drogerie) nach Anleitung auf der Packung einfärben. Sie sollten unbedingt die Angaben auf der Verpackung lesen und umweltbelastende Färbemittel vermeiden. Sie können die Tücher auch abbinden oder zusammenknoten und mit Batikfarben einfärben. Dies macht zu Hause oder in der Gruppe allen großen Spaß (besonders im Sommer geeignet).

Für unser Sonnensegel (siehe Kapitel »Sommerzeit ... Ferienzeit ...«, S. 137) haben wir sechs Betttücher zusammengenäht und mit allen alten Farben, die wir hatten, bespritzt und betupft. Das hat viel Freude gemacht und erfüllt einen guten Zweck!

Mit allen Sinnen die Welt erobern

Unsere Kinder entdecken ihre Welt … mit Händen und Füßen … mit Haut und Haar … mit all ihren Sinnen. Bei gesunden Kindern reichen alle Dinge in unserem Alltag aus, die Sinne anzuregen und nach Lust und Laune zu tasten, zu hören, zu sehen, zu riechen und zu schmecken. Denken Sie nur an Ihr Baby, wenn es genüsslich an den Fingern schmatzt, mit großen Augen die ersten bunten Figuren über dem Kinderbett beobachtet und mit offenen Ohren aufmerksam der Spieluhr lauscht. Bei Kindern, die nicht aus eigenem Antrieb heraus ihre Welt entdecken können (zum Beispiel bei behinderten Kindern), können die Sinne ganz bewusst – einzeln oder zusammen – angeregt werden, damit sie lernen, ihre Umwelt zu »be-greifen«.

Einige Ideen, die Sie hier finden, kennen Sie vielleicht schon. Sie kommen mehr oder weniger im Alltag einer jeden Familie vor.

Gehen Sie doch einmal bewusst mit allen Sinnen durch den Tag und nehmen Sie spielerisch verschiedene Dinge auf: »Ah, was riech ich denn da?« (beim Mittagessen) oder »Ich sehe was, was du nicht siehst! Wo kommt mein großer Zeh heraus?« (in der Badewanne mit viel Schaum) oder »Hörst du auch den Vogel zwitschern? Mach doch einmal die Augen zu und horch …« (beim Waldspaziergang).

Mit der folgenden Ideensammlung wollen wir Ihnen zeigen, wie Sinneswahrnehmungen in Eltern-Kind-Gruppen bewusst gemacht werden können und wie große und kleine Leute Freude am Tasten – Hören – Sehen – Riechen und Schmecken haben kön-nen. »Meine Hände sind verschwunden« (nach dem Lied »Meine Augen sind verschwunden« von Marianne Austermann und Gesa Wohlleben) ist ein Lied, mit dem Sie bereits auf alle Sinne aufmerksam machen können.

Meine Hände sind verschwunden

Unsere Hände sind hinter unserem Rücken verschwunden – alle machen ganz ratlose Gesichter. Zu aller Freude tauchen sie plötzlich wieder auf und bewegen sich fröhlich vor unserem Körper. Welche Körperteile können noch verschwinden? Zum Beispiel die Augen hinter den Händen, die Füße unterm Teppich usw. ...

Tasten

... mit den Fingern und den Händen

Hierher gehören alle **Fingerspiele,** bei denen bewusst die Finger bewegt werden und/oder über den Körper der Kinder wandern. Oder umgekehrt: die Finger der Kinder über den Körper der Erwachsenen krabbeln. Wie wäre es zum Beispiel mit der »Sonnenkäferfamilie«?

Die Sonnenkäferfamilie

Überliefert

Erst kommt der Sonnenkäferpapa,	*Die Finger wandern im Sprechrhythmus den einen Arm hinauf.*
dann kommt die Sonnenkäfermama,	*Die Finger wandern den anderen Arm hinauf.*
und hinterdrein, ganz klitzeklein die Sonnenkäferkinderlein, und hinterdrein, ganz klitzeklein die Sonnenkäferkinderlein.	*Die Finger machen ganz schnelle Krabbel-Kitzel-Bewegungen über Arme und Körper.*

Dieser Vers ist uns in verschiedenen Versionen bekannt. Er hat gesprochen durchaus seinen Reiz, gesungen macht er auch Spaß. Hier ist eine von mehreren bekannten Melodien:

Sie können das Fingerspiel auch einführen, wenn Sie bei einem Spaziergang einen Käfer entdeckt haben – vielleicht bringen Sie auch einen in die Gruppe mit und beobachten ihn gemeinsam mit den Kindern. Sie können den Kindern genauso gut einen gemalten oder gebastelten Käfer (siehe »Jetzt fängt das schöne Frühjahr an«, S. 127) zeigen und sie dann von den Käfern erzählen lassen. Im Anschluss daran kündigen Sie an, dass heute Käfer zu Besuch kommen: »Erst kommt der Sonnenkäferpapa ...«

Für viele Kinder sind Tiere sehr ansprechend, und schon bald können sie die ersten Tiernamen aussprechen, ihre Laute nachahmen und sie wieder erkennen. Darum kommt das folgende Fingerspiel so gut an:

Da kommt der Bär

Da kommt der Bär
und tappt daher,   *Die Finger tappen kräftig am Körper entlang.*
dann kommt ein Mäuschen
und flitzt hinauf.   *Schnell krabbeln die Finger den Arm hinauf.*
Dann kommt ein Känguru
und hüpft und hüpft.   *Mit beiden Fingern gleichzeitig hinaufhüpfen.*

usw.

Fragen Sie die Kinder nach neuen Tieren und lassen Sie sie mit ihren Fingern entsprechend am Arm oder Körper hinaufwandern.

Zum Schluss kommt immer der Floh:

Dann kommt der Floh,
und der macht si-sa-si-sa-so!   *Der Floh ist der Zeigefinger, der über den Körper der Kinder im si-sa-si-sa-so-Rhythmus hüpft und zum Schluss bei »so« auf der Nasenspitze landet!*

Das Spiel beginnt immer mit dem Bären und endet mit dem Floh. Da die Kinder nicht wissen, wann der Floh kommt, warten sie schon gespannt auf sein Kommen. Und es ist eine lustige, kitzelige Überraschung für sie, wenn er dann auftaucht und auf der Nase landet. Auch dieses Spiel lebt von der Wiederholung und wird von den Kindern immer wieder verlangt. Sehr bekannt und besonders beliebt ist auch das folgende Fingerspiel:

Das ist der Daumen,
der schüttelt die Pflaumen,
der sammelt sie auf,
der trägt sie nach Haus,
und der Allerkleinste
(oder kleine Spitzbub oder Wutziwutzi)
isst sie alle auf!

Bei diesem Fingerspiel erleben die Kinder jeden Finger ganz bewusst bzw. die Mutter oder der Vater tippen jeden einzelnen Finger ganz bewusst an – der kleine Finger wird dann festgehalten und gerüttelt.

Welches Fingerspiel mag Ihr Kind besonders? Wenn Sie ein oder zwei »Hits« finden, können diese Ihr Kind bis in das Schulalter hinein begleiten und dienen auch später noch als schöne Erinnerung an vertraute Zweisamkeit oder lassen Eltern und Kinder schmunzeln. Die Fingerspiele wollen Kinder immer wieder hören: »Nochmal, nochmal« rufen sie daher. Fingerspiele gefallen ihnen, sie kennen sie und sie sind ihnen vertraut.

Erinnern Sie sich an ein Spiel aus Ihrer Kindheit? Stellen Sie es in Ihrer Eltern-Kind-Gruppe vor! Ihre Freude beim Spiel überträgt sich auf die anderen. Etwas Lebendiges aus der eigenen Geschichte und Vergangenheit ist viel besser als ein neues, tolles Spiel, bei dem das Buch daneben liegen muss, weil es noch niemand auswendig kennt!

- Vielleicht stellen Sie auch ein **Fühlbild** her. Ein Karton, mit Watte, Sandpapier, Schnüren, Wellpappe und Schwamm beklebt, lässt die Kinder unterschiedliche Materialien erfahren.
- Auch **Tastschüsseln** oder **-kisten** sind schon bei den Kleinsten beliebt. Wenn Sie in verschiedene Schüsseln Watte, Wasser, Getreide usw. füllen, diese mit einem Kinder-T-Shirt zudecken, so dass die Kinder den Inhalt nicht sehen, aber durch die Ärmel des T-Shirts hineingreifen können, haben Sie mit einfachen Mitteln ein »sinnvolles« Erfahrungsfeld geschaffen.
- Es gibt auch **Fühlbilderbücher,** die im Buchhandel erhältlich sind.
- **Knete, Salzteig** oder **Ton** bieten Kindern eine sehr intensive Sinneserfahrung. Denken Sie nur an das Buddeln im Sand oder Matschen mit Wasser und Erde. Wenn die Kinder nicht mehr alles in den Mund schieben (obwohl das natürlich auch eine sehr wichtige Sinneserfahrung ist), lassen Sie sie doch kneten, reiben, schmieren – und sehen Sie einfach für kurze Zeit weg. Und hinterher: ab in die Badewanne. (Rezept für selbst gemachte Knete im Kapitel »Weihnachten steht vor der Tür«, S. 160.)
- Selbst hergestellte **Tastsäckchen** machen den Kindern auch Spaß. Sie können aus Stoffresten kleine Säckchen nähen und dann Verschiedenes einfüllen: Erbsen, Kastanien, einen Tennisball, Weizen, Watte, Transparentpapier usw. Vielleicht machen Sie mehrere Säckchen mit dem gleichen Inhalt, dann können Kinder spüren und sortieren, Unterschiede erkennen und zuordnen.
- Auch **Zeitungen** knüllen – nach Lust und Laune – macht schon den Kleinsten Spaß! Eine einfache Sache! Waschlappen für die Hände bereithalten (wegen der Druckerschwärze)!

... mit den Füßen

- Ziehen wir uns doch einmal die Schuhe aus – das tut besonders bei kalter Jahreszeit gut, wenn unsere Füße lange in den Schuhen gesteckt haben – und »bekrabbeln« uns mit den Zehen. Erwachsene und Kinder können entweder ihre eigenen Zehen reiben und kneten oder sich gegenseitig eine ganz unprofessionelle, aber sehr wohltuende **Fußmassage** gönnen.
- Wir wandern mit geschlossenen Augen über ein **Seil** (nicht zu dick) und spüren, wie es unsere Füße drückt und massiert.
- Natürlich hält die warme Jahreszeit auch viele Sinneserfahrungen mit den Füßen bereit. Also: einfach öfter die Schuhe ausziehen und **barfuß** gehen! Auf Steinen, auf Moos, auf dem warmen Straßenpflaster oder im Sandkasten.
- Ein größerer – aber lohnender – Aufwand ist es, einen **Fühlparcours** zu errichten. Hierzu brauchen Sie viel Platz – am besten im Garten – und dort können in größeren Abschnitten (auf einem eventuell mit einem Holzrahmen begrenzten Quadratmeter) verschiedene Materialien verteilt werden: Schwämme, Tennisbälle, Nüsse, Sand, Steine, Rinde usw. Vielleicht ist ein solcher Parcours in Zusammenarbeit mit einem Kindergarten oder mit einer Behinderteneinrichtung machbar?
- Haben Sie schon einmal mit den Füßen geklatscht? Das sollten Sie unbedingt einmal ausprobieren ...

... mit der Haut

Berührungen sind immer eine sinnliche Erfahrung. Denken Sie nur an die vielen Spiele, an die Zärtlichkeit und den Spaß, wenn Ihr Baby ganz nackt ist – beim Baden, beim Wickeln und Umziehen.
Auch in der Eltern-Kind-Gruppe können Sie versuchen, einmal gemeinsam den Körper zu erfahren. Wir laden alle Kinder ein, sich auf den Teppich, auf Kissen oder Matratzen zu legen. Die Mütter oder die Väter kommen hinzu ...

- Wenn Ihr Kind es zulässt, streicheln Sie es zart **mit den Fingerspitzen** – das geht mit oder ohne Kleider –, dann streichen Sie **mit der ganzen Hand** über seinen Körper, massieren es von Kopf bis Fuß und klopfen seinen Körper zum Schluss mit den Handflächen ab. Da spüren die Kinder ganz bewusst ihren Körper. Im Anschluss daran werden die Rollen getauscht: Die Kinder übernehmen den aktiven Part und die Mütter oder Väter lassen es sich gut gehen.
- Zum Spüren, Streicheln und Berühren eignen sich auch **Federn, Watte** oder **Pinsel.**
- Für zu Hause oder im Freien: Vielleicht stellen Sie den Kindern ein Töpfchen **Creme** oder **Babyöl** zur Verfügung und beobachten, mit welcher Hingabe sie die Creme oder das Öl verstreichen. Handtücher nicht vergessen!
- Sich mit einem trockenen **Waschlappen** abzurubbeln, regt die Durchblutung an und ist wohltuend für den ganzen Körper. Hierfür eignen sich die Sommermonate gut, wenn die Kinder ohnehin kurze Hosen und T-Shirts tragen.

Der Tastsinn ist der elementarste Sinn und dient als »Motor« für die Entwicklung der Kinder. Wir können ihn bewusst einsetzen, wenn wir bei vielen Dingen, die wir berühren, die Augen schließen. Auch uns Erwachsenen werden wieder neue Möglichkeiten eröffnet, unsere Umwelt zu erfahren, wenn wir uns auf Methoden und Spiele unserer Kinder einlassen und von ihnen lernen. Nehmen wir uns doch die Zeit dazu.

Sehen

Sehen können, ist für die meisten etwas Selbstverständliches. Kleinen Kindern fällt es oft schwer, die Augen zu schließen, wenn wir sie darum bitten. Vielleicht probieren wir es einfach einmal aus. Wenn wir die Augen schließen oder uns (mit der Mama oder dem Papa) unter einem schwarzen Tuch verstecken und nichts mehr sehen können, merken wir, wie wir mit den Händen zu tasten beginnen oder genau hinhören, was so um uns los ist.

- Große Freude gibt es auch beim »**Guckguck-Spiel**«, wenn sich eins der Kinder versteckt und die Mama oder den Papa nicht mehr sieht und dann wieder entdeckt wird. Kennen Sie die Situation, wo sich Ihr Kind die Augen zuhält und ruft: »Mama, such mich!«?
- Wir können auch einmal **genau hinsehen**: Schneiden Sie in einen DIN-A4-Fotokarton ein Loch mit ca. 10 cm Durchmesser, legen Sie den Fotokarton auf ein Bilderbuch und schauen Sie sich durch das Loch hindurch einzelne Abschnitte genau an. Sie werden sehen, es gibt immer wieder etwas Neues zu entdecken und neue Geschichten zu erzählen.
- Interessant ist auch eine **Lupe,** die verschiedene Dinge vergrößert. Es gibt große, kindgerechte Lupen.
- Gehen Sie in den Garten oder in den Wald und legen Sie mit einem 3 bis 4 m langen

Kreis versammelt haben, fordern Sie die Kinder auf, Sie gut anzusehen. Dann gehen Sie vor die Tür, ziehen draußen einen Mantel an oder setzen eine Brille auf die Nase. Nehmen Sie irgendeine eindeutige und auffällige Veränderung vor. Dann gehen Sie wieder hinein und fragen die Runde: »Wer sieht, was sich verändert hat ...? Schaut mich einmal genau an!« Wer errät, was sich verändert hat, darf mit der Mama oder dem Papa auch einmal vor die Tür gehen, aus der **Verkleidungskiste** etwas nehmen und sich anziehen oder irgendetwas an sich verändern.

● Vielleicht machen Sie auch einmal einen »Spiegelvor- oder -nachmittag«. Transportable **Spiegel** – im Gruppenraum aufgestellt – verleiten zum genauen Hinsehen, Grimassen schneiden und Verkleiden. Vielleicht entdecken Eltern und Kinder zusammen ihre Gesichter neu.

Seil einen **Kreis**. Jetzt haben Sie ein abgegrenztes Gebiet und können ausschnittsweise neue Entdeckungen machen: Käfer, Ameisen, Grashalme ...

● Eine Klopapier- oder Küchenpapierrolle – eventuell bunt beklebt oder bemalt – kann ein tolles **Fernrohr** sein. Los geht's auf Entdeckungsreise: im Zimmer, im Garten usw.

● Noch ein schönes Spiel für drinnen: Wenn Sie sich im

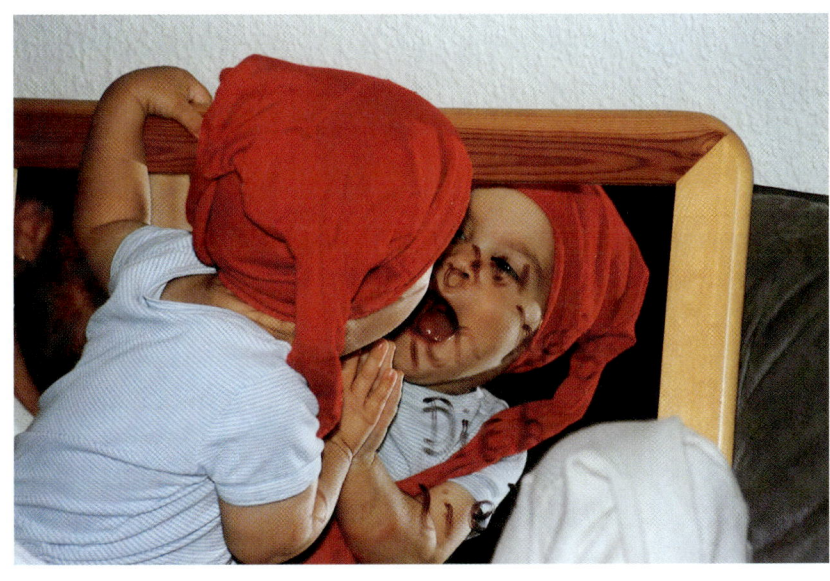

Das kindliche Auge muss Farben, Formen und Größen unterscheiden sowie Bilder aufnehmen und koordinieren lernen. Es braucht Zeit, bis das Zusammenspiel von Sehen und Bewegen harmonisch wird. Lassen wir unseren Kindern die Zeit, die sie hierfür brauchen!

Hören

Stellen Sie sich vor, in Ihrem Eltern-Kind-Raum herrscht ein lebendiges und lautstarkes Mit- und Durcheinander und jemand beginnt – ohne ein Wort zu sagen – auf der **Flöte** zu spielen. Was würde wohl passieren? In der Regel wird es still, und die Kinder kommen zu den Klängen, die sie hören und versammeln sich um die Flötenspielerin oder den Flötenspieler. So können Sie – wenn es laut ist – Stille und Aufmerksamkeit mit einem bestimmten Instrument herbeiführen oder – wenn es leise ist – auf die Geräusche oder Klänge bewusst aufmerksam machen.

- Hier sind die verschiedensten **Instrumente** denkbar, die für ganz kleine Kinder schon geeignet sind, denen sie lauschen und die von ihnen auch schon gespielt werden. (Mehr dazu im Kapitel »Horch mal – da klingt ja was!«, S. 108 ff.)
- Vielleicht haben Sie auch einen alten, mechanischen **Wecker**, der noch richtig laut tickt, den Sie im Kreis herumgehen

lassen können und den die Kleinen und Großen vorsichtig und neugierig ans Ohr halten.

- Wenn die Gruppe es schafft und ganz leise sein kann, kann der Wecker auch im Raum versteckt und nur durch aufmerksames Hören aufgespürt werden.
- Auch ein richtiges **Stethoskop** ist für die größeren Kinder ein spannendes Hörerlebnis: »Das Herz schlägt, im Magen und Darm gurgelt und gluckert es ...«
- Ganz bewusst Geräusche hören und wahrnehmen ist möglich, wenn Sie es vor den Kindern ein bisschen spannend machen, indem Sie zum Beispiel ein großes **Betttuch als Sichtschutz** aufhängen und dahinter – so dass es die Kinder nicht sehen können – verschiedene Dinge tun: zum Bei-

spiel Nüsse fallen lassen, Wasser in eine Schüssel gießen, mit Laubblättern rascheln usw.

- Wenn Sie sich im Zimmer aufhalten oder einen Spaziergang machen, **schließen** Sie einmal kurz die **Augen,** und Sie werden wahrnehmen, dass Sie bewusster und dadurch mehr als sonst hören.

Bei einem blinden Menschen ist der Gehörsinn meistens besser ausgebildet als bei einem sehenden Menschen. Nehmen wir uns doch die Zeit, unsere Sinne spielerisch zu erfahren und zu erleben – gemeinsam mit unseren Kindern. Gerade der Gehörsinn ist sehr wichtig für unsere Kinder, um die Sprache zu erlernen. So manches »schlechte Gehör« wird erst entdeckt, wenn sich die Sprache nicht so recht entwickelt.

oder nach Schnee. Manche Dinge schmecken salzig, manche süß – hm, manches mögen wir gerne, manches schmeckt uns nicht.

- In der Adventszeit eignet sich die **Duftorange** (eine Orange oder Mandarine mit Nelken gespickt) zum Schnuppern.
- Wie wäre es mit einem **Duftspaziergang** zum Bäcker, in den Wald, auf den Bauernhof?

Wenn unsere Kinder die Welt des Riechens und Schmeckens entdecken, ist es gut, wenn wir Eltern eine »neutrale Position« einnehmen. Seien wir zurückhaltend mit Ausrufen wie »bah« oder »igitt« und lassen unsere Kinder doch ihren eigenen Geschmack entwickeln! Wie heißt es doch so schön? Das ist Geschmackssache!

Riechen und Schmecken

Wie wichtig diese beiden Sinne sind, merken wir meist, wenn wir einen Schnupfen haben. Auch hier gilt es, die Düfte des Alltags bewusst wahrzunehmen. Es riecht nach Frühling

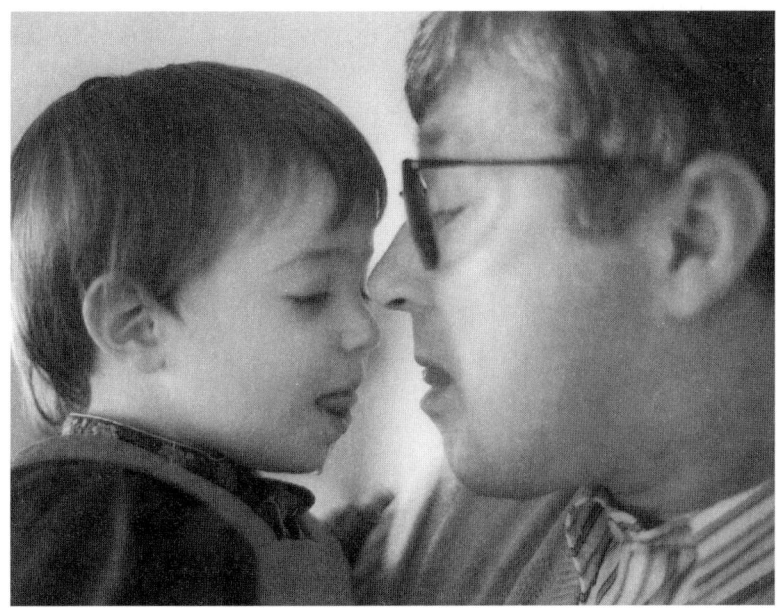

Wo ist meine Zunge?

Horch mal – da klingt ja was!

Lauschen und Spielen – Abenteuer mit Tönen und Geräuschen

Hineingeboren in eine Welt, die mit ihrer unbändigen Vielfalt an Klängen und Geräuschen undurchdringlich wirkt, erleben wir etwas ganz Besonderes und Unerhörtes, wenn wir still werden, in uns hineinhorchen, auf etwas ganz bewusst hören, einen Klang ausprobieren, ihm nachlauschen ... Es sind gerade die ganz alltäglichen und gewöhnlichen kleinen Dinge, die einen besonderen Reiz auf uns und unsere Kinder ausüben, wenn wir sie gemeinsam hören, ihnen einen Klang entlocken, mit ihnen spielen.
Ab und zu gemeinsam mit unseren Kindern die Klangwelt entdecken ist einfach wunderschön!

Machen Sie keine Musikstunde in Ihrer Eltern-Kind-Gruppe! *Ein* besonderes Klangerlebnis, *ein* interessantes Instrument belauscht und ausprobiert, ist für alle spannender und intensiver!

Ganz Ohr sein

Durch Flüstern und eindeutige Gesten (indem wir zum Beispiel den Finger an den Mund legen und »psssst« machen) können Sie Kinder und Erwachsene zum Leisesein anregen. Auch mit einem leisen Instrument, zum Beispiel einer Triangel oder einem Glöckchen, können Sie die Aufmerksamkeit auf sich lenken.

- Vielleicht gibt es eine **Handpuppe mit riesengroßen »Horch-Ohren«**? Was die alles hören kann: Regentropfen an der Scheibe, Bonbonpapier in der Hosentasche, das Feuer im Ofen, leise Stimmen, ein Magenknurren …! – Haben bald auch Eltern und Kinder große »Horch-Ohren?«
- Besonders viel Spaß macht das gemeinsame Lauschen unter einem großen **Lausch-Tuch** (einem Betttuch, einer Decke usw.). In so einem abgeschirmten Raum können ganz gewöhnliche Geräusche sehr bewusst wahrgenommen werden. Auch für die lauschenden Eltern ist das durchaus kein alltägliches Erlebnis …
- Eltern und Kinder bilden eine **schleichende Schlange**, die ganz leise, fast lautlos durch den Raum schleicht und andächtig lauschend stehen bleibt, wenn sie irgendetwas Interessantes erlauscht hat.
- **»Alle Kinder schlafen«.** Sie liegen ganz wohlig im Schoß der Mutter oder des Vaters und haben die Augen geschlossen. Ein sehr leises Instrument (eine Triangel, kleine Rassel, ein kleines Glöckchen usw.) weckt die Kinder wieder auf: Wer es gehört hat, darf die Augen öffnen.
- Möglichst große **Horch-Muscheln** lassen uns das »Meeresrauschen« hören.
- Eine **Flüstertüte** oder ein **Flüsterrohr** (zum Beispiel eine Küchenpapierrolle) wird an das Ohr des Kindes gehalten. Was flüstert die Mama nur mir allein zu? Übrigens glauben anfangs viele Kinder, sie könnten mit ihren Augen besser hören … Vielleicht bekommen die Eltern auch eine Flüsternachricht?

Bauch – es blubbert und quietscht! Magst du mal an meinem Bauch horchen?«

- Papiergeräusche: Papier zerreißen, zerknüllen, flattern lassen … Japanbälle (Seidenpapierbälle) anfassen, auffangen – was können wir noch probieren?

»Hab ich eine tolle Stimme!«

- Bienen und Käfer summen und brummen von einem zum anderen. Kleine Insekten, zum Beispiel aus Walnüssen gestaltet, machen die Runde: »Und jetzt fliegt die Biene zu dir: sssssss….« Zwei oder drei Summ-Tiere im Kreis genügen völlig!

- **Einem Klang nachhorchen.** Wer hört immer noch etwas? Triangel, Becken und Gongs können unheimlich lange nachklingen!

- **Etwas Klingendes hat sich versteckt.** Niemand hat bemerkt, dass sich jemand hinter der Tür, in der Ecke oder hinter einem Tuch versteckt hat. Plötzlich hört man ungewohnte, wundersame Töne durch den Raum erklingen. Woher kommen die Töne? Was ist das für ein Instrument? Eine Flöte? Eine Geige? Eine Gitarre? »Spiel doch noch mehr!«

- **Im Bauch gluckert's ja!** Erst horchen die Eltern – das kitzelt ein bisschen, wenn so ein großer Kopf auf dem Kinderbauch liegt … »Das klingt ja lustig in deinem

Ein besonderes Hör- und Fühlerlebnis: ein quietschender Luftballon!

Auf eine ganze Walnuss werden Flügel aus Papier geklebt.

- **Töne** werden durch einen aufgeblasenen **Luftballon** gesungen. Das kribbelt so schön an den Lippen!
- **Die Stimme in der Gießkanne,** im Eimer, im Holzfass, in der Milchkanne – wie klingt das denn?!
- Der **Stimmen-Schlauch** ermöglicht es Eltern und Kindern ihre Stimme so zu hören, wie sie sich für andere anhört: In einen dicken Schlauch – mindestens 1 m lang – wird an einem Ende ein Trichter gesteckt. Den Trichter ans Ohr und das andere Ende an den Mund gehalten – ein tolles Erlebnis!
- Wer seiner Stimme nicht so recht traut, wird durch ein **Kazoo** ermutigt. Dieses wundersame Instrument können Sie kaufen, aber auch ganz schnell und unkompliziert selbst herstellen: In eine Pappröhre (Küchenrolle, Toilettenpapierrolle, Geschenkpapierrolle) werden kleine Fenster geschnitten. Anschließend werden die

Fenster mit knisternder Frühstücksbeutelfolie, mit Butterbrotpapier oder Transparentpapier beklebt. Fertig ist das Kazoo! Beim Hineinsingen, -schreien oder -rufen vibriert das Papier (wie beim Kammblasen). Alle Stimmen klingen jetzt wie ein Instrument. Es kann hemmungslos gesungen werden! Das macht auch den Eltern viel Spaß. Wer mag, kann sein Kazoo natürlich verzieren!

- Jemand erzählt eine **Geräusch-Geschichte** und alle quaken, tropfen, brummen und piepsen mit!

»Oh – mein Körper macht Musik!«

- Eltern und Kinder sitzen im Kreis und probieren die eigenen **Körperinstrumente** aus. Einer aus dem Kreis macht etwas vor – alle machen mit: Es wird geklatscht, **eine Hand an der anderen gerieben,** mit den Fäusten auf den Boden getrommelt, auf die Oberschenkel gepatscht, mit den Füßen gestampft usw. Gibt es ein leises (die Hände verschwinden hinter dem Rücken) oder ein lautes Ende (lautes Klatschen)?
- Eine **Klanggeschichte** wird erzählt und mit Körpergeräuschen untermalt. Denken Sie sich keine zu lange Geschichte aus! Lieber kurz und abwechslungsreich! Zum Beispiel:

Eine kleine Maus kommt aus ihrem Loch und trippelt ganz schnell auf ihren Füßen in den Wald.	*Mit den Fingern auf dem Boden, Tisch oder Stuhl »trippeln«.*
Auf einmal hört man schwere langsame Schritte, und ein großer Elefant kommt den Weg entlang.	*Mit den Füßen langsam und schwer stampfen.*
»Ach du Schreck, wer ist denn das?« Vor Schreck bleiben beide stehen und es ist plötzlich ganz still.	*Innehalten.*
Doch dann laufen beide los: erst die Maus – dann der Elefant.	*Mit den Fingern trippeln.* *Mit den Füßen stampfen!*
Und beide tanzen gemeinsam: Sie trippeln und stampfen ...	*Gleichzeitig trippeln und stampfen.*
... bis beide plötzlich umfallen. Bumm!	*Mit Händen und Füßen die Geschichte mit einem lauten »Bumm!« beenden.*

● Beim **Wind- und Wetterspiel** machen die Eltern Wettergeräusche, und die Kinder bewegen sich (eventuell mit Tüchern in den Händen) dazu. Ein Beispiel:

Es regnet,	*(mit den Fingerspitzen trommeln)* *Die Kinder stellen mit den Händen überm Kopf ein Dach dar.*
der Wind bläst,	*(mit dem Mund ein Geräusch hervorbringen)* *Die Kinder »wehen« durch den Raum.*
usw.	

● Die **Fünf-Finger-Musikanten** (von Dorothée Kreusch-Jacob, siehe Anhang) machen eine ganz besondere Musik:

Der schlägt die Trommel,
der schüttelt's Glöckchen,
der bläst die Flöte,
der singt ein Lied.
Und der Kleinste
schreit einen lauten Ton –
da laufen alle fünf Musikanten davon.

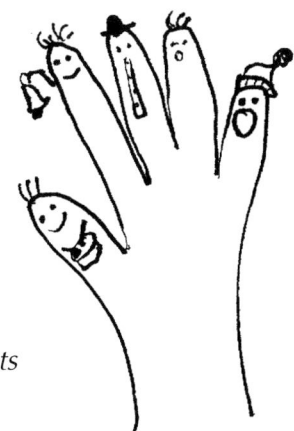

Bei jedem Finger wird der Klang des entsprechenden Instruments nachgeahmt, beim Kleinsten darf das Kind so laut schreien, wie es kann!

Zehn kleine Zappelmänner

Überliefert

Zehn   klei - ne   Zap-pel-män-ner   zap-peln hin und   her.

Zehn   klei - nen   Zap-pel-män-nern   fällt das gar nicht   schwer.

2. ... zappeln auf und nieder.   3. ... zappeln rundherum.   4. ... spielen gern Versteck.
   ... tun das immer wieder.   ... sind ja gar nicht dumm.   ... sind auf einmal weg.

Unsere zehn Finger sind die Zappelmänner. Sie bewegen sich vor unserem Bauch hin und her, auf und nieder, rundherum und spielen Versteck, indem sie schnell hin- und herhuschen, um sich schließlich hinter dem Rücken zu verstecken.

Wer mag, kann hier mit dem Spiel »Meine Hände sind verschwunden« (in »Mit allen Sinnen die Welt erobern«, S. 99) weitermachen.

● Beim Tanz geben wir uns mit Haut und Haaren der Musik hin. Einige leichte Kindertänze finden Sie in diesem Buch (siehe Kapitel »Dauerbrenner«, S. 77 ff.) und vielleicht erinnern Sie sich noch an einen Tanz aus Ihrer Kindheit. Machen Sie auch anderen Eltern Mut, Tänze zu zeigen!

Jeder Schritt ein Klang

Instrumente, die direkt am Körper getragen werden, machen jede Bewegung hörbar.

● Die **Bauchklapper** besteht aus lauter Streichholzschachteln, die mit kleinen Steinchen, Schrauben u. Ä. gefüllt sind. Ein Band wird durch die Schachteln gezogen und die Schachteln sicherheitshalber

mit Klebeband verschlossen. Die Bauchklapper binden Sie dann wie einen Gürtel um. Vielleicht helfen die Kinder mit, die Schachteln zu füllen. Womit klingt es am schönsten?

● Aus mehreren Schellen können Sie mit einem Schuhband **Schellenbänder** für Fußgelenke und Arme herstellen.

● Kleine **Schellen** werden auf die Schuhbänder am **Schuh** gefädelt und festgeknotet.

● Schellen und **Glöckchen** können Sie an **Stirnbänder und Mützen** heften.

Mit diesen Instrumenten macht jeder Tanz und jede Bewegung Spaß!

Unser Raum klingt

Auch unser Eltern-Kind-Gruppenraum kann zum Spaß und zum Experimentieren mit Klängen auffordern.

● In einer Ecke liegen auf einer Decke verschieden klingende Gegenstände zum Ausprobieren bereit: Töpfe, Bambusrohre, Löffel, eventuell auch kleine Instrumente. Wenn es in der **Klangecke** zu laut wird, kann sie schnell mit der ganzen Decke weggeräumt werden ...

● Lauter verschiedene Gegenstände, die klingen, wenn sie aneinander schlagen (zum Beispiel Schlüssel, Holzstücke, Schrauben, Gardinenringe, Kronkorken usw.) werden zu einer **Klangkette** aufgefädelt. Die Kette wird so aufgehängt, dass die Kinder mit gestreckten Armen oder mit Kochlöffeln die Klangteile berühren und so zum Klingen bringen können.

● **Was klingt noch im Raum?** Wenn wir an Schränke, Stühle, Tische, die Heizung oder die Fenster (ganz vorsichtig) klopfen, lassen wir den Raum klingen.

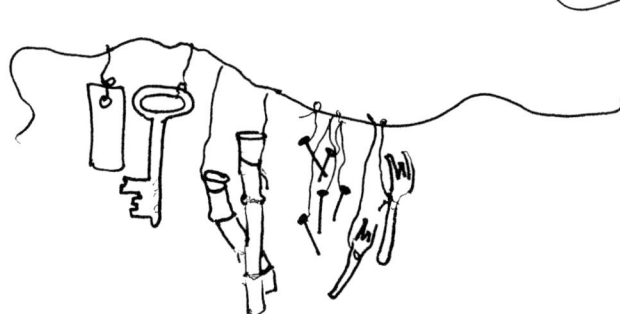

Und noch mehr Instrumente ...

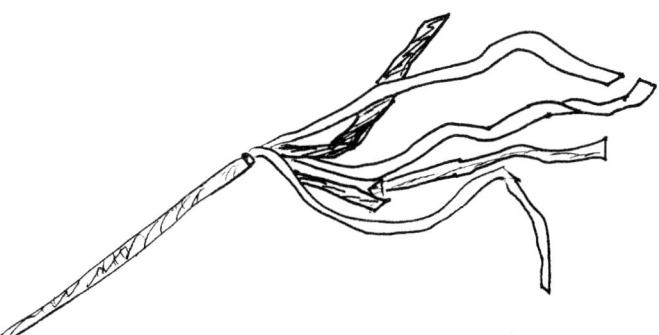

- **Rasseln:** Filmdosen und Streichholzschachteln, die mit Steinchen, kleinen Schrauben, Sand u.Ä. gefüllt sind und gut zugeklebt werden, können sogar beim Rennen in der Hand gehalten werden!
- **Rollende Klänge** erhalten wir, wenn wir Toilettenpapierrollen, Kaffeedosen, hohe Lebkuchendosen, Luftballons, hohle Bastelkugeln (aus Kunststoff oder Styropor) gemeinsam mit den Kindern mit Glöckchen, Steinchen, Murmeln usw. füllen. Gut verschließen – und schon rollt die Musik!
- Ein **Glöckchen** an ein **Ziehauto** oder ein Ziehtierchen gebunden, verleitet zu ganz besonders schnellen und kurvenreichen Fahrten ...

- **Raschelstäbe** machen vor allen Dingen viel Spaß, wenn wir genügend Platz haben (auch draußen). An einen Stab oder Zweig werden kunterbunte 1 bis 1,5 m lange, geschnittene Streifen (aus Plastiktüten oder Papier) gebunden. Und dann rennen wir los ... Ein fröhliches Raschelkonzert mit viel Bewegung!
- **Ein großes Instrument für die ganze Gruppe** ist ein großes Tuch, zum Beispiel ein Bettlaken, auf das wir Nüsse, Kastanien oder Glöckchen legen. Dann stellen sich alle um das Tuch herum und fassen es an. Gemeinsam werden die Klangteilchen zum Klingen gebracht, indem wir das Betttuch auf und nieder bewegen.
- Ganz zauberhaft sind **chinesische Klangkugeln.** Sie können im Kreis vorsichtig von einer Hand zur anderen wandern (die Kugeln sind ganz schön schwer) und dabei sanfte Klänge von sich geben. Vielleicht möchte die Kugel auch einmal über die Arme, Beine und Bäuche der Kinder rollen?

Gottes Liebe ist so wunderbar – Religiöse Elemente in der Eltern-Kind-Gruppe

Wenn unser Baby da ist, sind wir sehr sensibel für Fragen nach dem »Sinn des Lebens«. Hin- und hergerissen von diesem kleinen, geliebten Wunder, das uns anvertraut ist und uns manchmal an die Grenzen unserer Kräfte bringt, tut es gut, Gott als zusätzlichen Vertrauten zu haben: beim Danken, beim Bitten, beim Flehen und Schimpfen.

Vielleicht spüren Sie auch in der Eltern-Kind-Gruppe den Wunsch nach religiösen Elementen und haben Lust, ganz einfache Glaubensinhalte (neu) zu erleben. Für Eltern und Kinder ist es eine wunderbare Erfahrung, mit allen Sinnen Gott zu erfahren und zu erleben.

Wir wollen Ihnen hier drei Beispiele vorstellen, die uns als »Programmpunkt« in einer Eltern-Kind-Gruppe geeignet erscheinen. Die Aktionen dauern maximal 15 Minuten und sind für Kinder und Eltern gedacht.

Wenn Sie Lust auf »mehr« bekommen, feiern Sie doch in Ihrer Gemeinde einen Krabbelgottesdienst! Ein Krabbelgottesdienst ist eine Bereicherung für Groß und Klein! Unser – ebenfalls im Kösel-Verlag erschienenes – Buch »Mama, es glockt! Wie Eltern mit ihren kleinen Kindern Gottesdienst feiern. Tipps und Modelle« (siehe Literaturverzeichnis im Anhang) gibt Ihnen hilfreiche Tipps für die Gestaltung von Krabbel- oder Mini-Gottesdiensten.

Gottes Liebe ist so wunderbar

Text: Mündlich überliefert
Musik: Spiritual

Got-tes Lie-be ist so wun-der-bar, Got-tes Lie-be ist so wun-der-bar,

Got-tes Lie-be ist so wun-der-bar, so wun-der-bar groß.

So hoch, was kann hö-her sein? So tief, was kann tie-fer sein?

So weit, was kann wei-ter sein? So wun-der-bar groß!

Offene Arme

Wir laden die Kinder und die Erwachsenen ein, zu einem Kreis zusammenzukommen und wir beginnen mit dem Lied »Gottes Liebe ist so wunderbar« (S. 117). Zunächst sprechen wir den Text des Liedes laut und machen die Bewegungen dazu vor. Dann singen wir das Lied einmal vor und singen es dann mit allen gemeinsam zweimal.

Im ersten Teil können wir fröhlich klatschen. Dann recken wir uns »so hoch«, zeigen mit den Händen »so tief«, machen uns mit den Armen »so weit« und zum Schluss zeigt unser ganzer Körper: »So wunderbar groß« ist Gottes Liebe!

»Heute wollen wir mal etwas ausprobieren: Die Mütter bzw. Väter breiten ihre Arme aus und nehmen ihr Kind in den Arm. Die Kinder können sich richtig auf dem Schoß ›einkuscheln‹ oder sie können durch den ganzen Raum sausen und in die Arme der Mutter oder des Vaters fliegen.«

Wir machen den Eltern Mut, es ein paar Mal mit ihren Kindern auszuprobieren, damit alle – Groß und Klein – das Gefühl bekommen: »Das tut gut – das ist eine feine Sache, mit offenen Armen aufgenommen zu werden.« »Das habt Ihr prima gemacht. Das ist fein. Wir sammeln uns wieder im Kreis und die Kinder und die Erwachsenen können erzählen, wie es war.« Lassen Sie Kinder und Erwachsene erzählen, wenn sie wollen! Fazit: Es ist gut, wenn wir mit offenen Armen aufgenommen werden.

»In der Bibel steht auch eine Geschichte von einem Vater, der seinen Sohn mit offenen Armen aufgenommen hat. Der Sohn war weggegangen und es ging ihm gar nicht gut. Dann ist er zu seinem Vater nach Hause zurückgekehrt und der Vater hat sich sehr gefreut ... und sie feierten ein großes Fest.« (Sie können an dieser Stelle ein Bild aus einer Kinderbibel zeigen, wie der Vater den Sohn mit offenen Armen aufnimmt. Die entsprechenden Kinderbibeln mit Bildern von Kees de Kort eignen sich hier besonders. Siehe Anhang) »Die Geschichte heißt *Der verlorene Sohn,* und sie soll uns sagen, dass Gott alle Menschen so lieb hat, wie dieser Vater seinen Sohn. Gott nimmt die Menschen mit offenen Armen auf. Stellt euch mal hin und öffnet eure Arme, breitet sie weit aus ... so offen und freundlich will uns Gott aufnehmen, weil er uns lieb hat.«

Und wir singen nochmal unser Lied »Gottes Liebe ist so wunderbar« (siehe S. 117).

Gott sagt ja zu dir, Gott sagt ja zu mir

Wir singen gemeinsam ein Lied, an dem sich auch die Kleinsten mit Klatschen und Bewegungen beteiligen können (zum Beispiel »Dass Gott sich daran freut«, S. 119, oder »Vom Aufgang der Sonne bis zu ihrem Niedergang sei gelobet der Name des Herrn«, EG Nr. 456).

Dass Gott sich daran freut

Text: Rolf Krenzer
Musik: Anke Jöcker

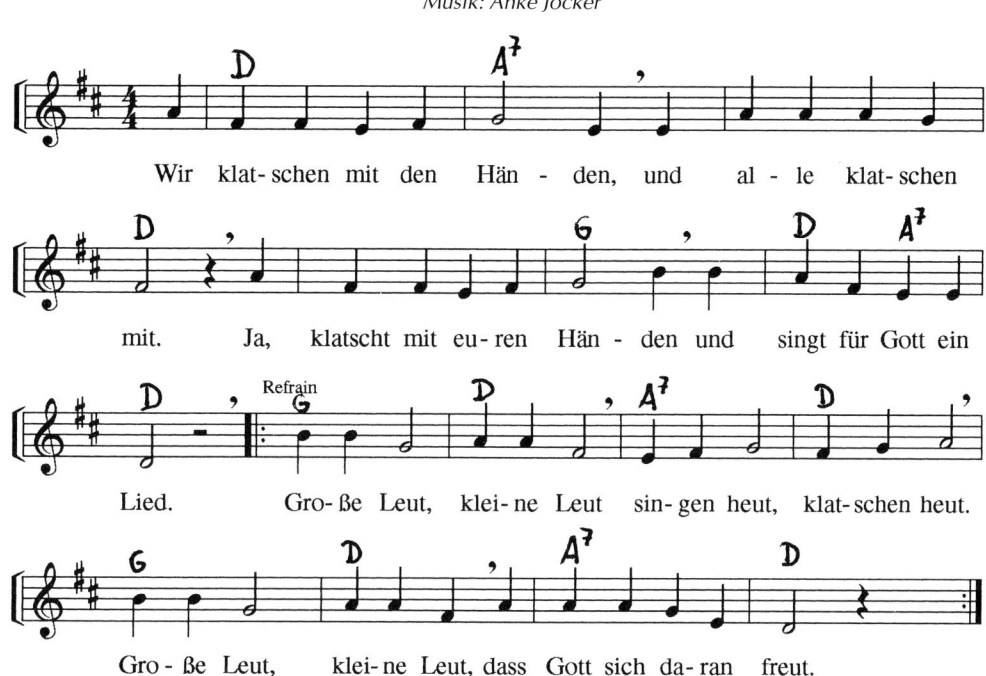

Wir klat-schen mit den Hän-den, und al-le klat-schen

mit. Ja, klatscht mit eu-ren Hän-den und singt für Gott ein

Lied. *Refrain* Gro-ße Leut, klei-ne Leut sin-gen heut, klat-schen heut.

Gro-ße Leut, klei-ne Leut, dass Gott sich da-ran freut.

2. **Wir stampfen mit den Füßen,**
   und alle stampfen mit.
   Ja, stampft mit euren Füßen
   und singt für Gott ein Lied.

3. **Wir hören mit den Ohren,**
   und alle hören mit.
   Ja, hört mit euren Ohren
   und singt für Gott ein Lied.

4. **Wir singen heut zusammen,**
   und alle singen mit.
   Ja, singt jetzt mit zusammen
   und singt für Gott ein Lied.

5. **Wir geben uns die Hände,**
   und alle machen mit.
   Ja, gebt euch jetzt die Hände
   und singt für Gott ein Lied.

6. **Wenn wir im Kreis uns drehen,**
   dann machen alle mit.
   Ja, dreht euch jetzt im Kreise
   und tanzt für Gott ein Lied.

Das Lied sagt jedem, was er machen kann: in die Hände klatschen, mit den Füßen stampfen, die Hände an die Ohren legen, sich am gemeinsamen Singen erfreuen (dabei zum Beispiel in die Runde schauen), sich die Hände geben und sich im Kreis drehen. Beim Refrain machen wir uns groß und klein und klatschen dazwischen.

Schön ist in diesem Zusammenhang auch das Lied »Vom Aufgang der Sonne«, das Sie im Evangelischen Gesangbuch finden (Nr. 456). Bei diesem Lied ist es sehr schön, wenn wir den Sonnenaufgang und -untergang mit den Armen darstellen, indem wir vor unserem Körper einen Halbkreis ziehen.

Wir laden alle ein, in unseren Kreis zu kommen. Wir haben heute etwas mitgebracht und damit wollen wir allen Kindern und Erwachsenen etwas zeigen: In die Mitte wird ein Korb gestellt, aus dem nach und nach verschiedene Gegenstände geholt werden, zu denen die Kinder etwas erzählen dürfen. »Was haben wir denn da? Eine Windel,

genau. Wer braucht noch eine Windel? Gut, dass es die Windeln gibt, sonst wären immer alle Hosen nass. Wer braucht keine Windel mehr? Prima. Manche schaffen es schon, auf die Toilette zu gehen. Ihr seid schon keine Babys mehr, sondern schon größere Kinder. Wisst Ihr, manche alte Menschen können auch nicht mehr auf die Toilette gehen, wenn sie krank sind, sie brauchen dann auch wieder eine Windel. Gott sagt ja zu allen Menschen, so wie sie sind: zu den Kleinen und zu den Großen, zu den Babys und zu den Älteren. Zu denen, die eine Windel brauchen, und zu denen, die keine Windel brauchen. Und da singe ich euch jetzt ein Lied vor, das wir zusammen lernen wollen.«

Wir fangen an, fröhlich zu sein

Text: Rolf Krenzer
Musik: Detlev Jöcker

2. Wir fangen an, fröhlich zu sein,
    und sind wir auch schwach und so klein,
    denn Gott sagt ja ...

3. So singen wir aus Dankbarkeit
    und öffnen die Herzen so weit,
    denn Gott sagt ja ...

4. Sonst haben wir uns kaum gekannt.
    jetzt stehen wir Hand in Hand,
    denn Gott sagt ja ...

5. So wolln wir im Reigen uns drehn
    und froh miteinander nun gehn,
    denn Gott sagt ja ...

Wir singen nur die erste Strophe, denn zu viel Text überfordert die Kinder. Beim Refrain kann fröhlich geklatscht werden.

»So, was kommt denn jetzt aus meinem Korb? Eine Babyflasche und eine Tasse. Aha, die kleinen Babys brauchen eine Flasche und die größeren können vielleicht schon aus der Tasse trinken. Als wir klein waren, haben wir bei der Mama an der Brust oder aus einer Babyflasche getrunken, und jetzt können manche schon selber aus einer Tasse trinken. Wir dürfen uns darüber freuen: So wie es ist, ist es gut. Das gilt besonders zur Entlastung für die Eltern. Gott sagt ja zu den Kindern, so wie sie sind – Gott sagt ja zu den Erwachsenen, so wie sie sind. Wir singen noch mal unser Lied ›Wir fangen an, fröhlich zu sein‹...«

Sie können dann noch einmal Gegenstände aus dem Korb holen, die die Kinder aus ihrem Alltag schon kennen und wie oben verfahren. Zum Abschluss können Sie dann noch einmal das Lied »Wir fangen an, fröhlich zu sein« singen.

Weihnachtsstern

Wir kommen auf einem Teppich o. Ä. zusammen und machen es uns gemütlich. Die Erwachsenen sitzen im Kreis und haben vor sich die Kinder sitzen. Vielleicht können wir den Raum etwas verdunkeln.

»Schön, dass wir in diesem Kreis zusammen sitzen. Schaut einmal her. Ich will in unserer Mitte ein Licht anzünden. Das Licht soll uns an Weihnachten erinnern.« Zünden Sie eine große Kerze an und stellen Sie sie in die Mitte. Dann verteilen wir an alle Kinder ein kleines Licht, ein Teelicht.

»Bald ist Weihnachten, und wir freuen uns, dass Weihnachten Jesus geboren wurde. Jesus hat in seinem Leben viel Gutes für die Menschen getan. Er hat die Kinder und die Erwachsenen sehr lieb. Und jetzt singen wir das Lied ›Jesus hat die Kinder lieb. Halleluja‹. Dazu können wir auch klatschen.«

Jesus hat die Kinder lieb

Text: Rolf Krenzer
Musik: Negro Spiritual, traditional

Je-sus hat die Kin-der lieb! Hal-le-lu - ja! Je-sus
hat die Kin-der lieb! Hal-le-lu - - ja!

2. Jesus hat die Mütter lieb. Halleluja.

3. Jesus hat die Väter lieb. Halleluja.

4. Jesus hat die Menschen lieb. Halleluja.

»Jesus wurde für alle Menschen geboren. Und deshalb soll das Weihnachtslicht zu allen Menschen kommen. Unser Weihnachtslicht hier in der Mitte soll jetzt auch zu allen Kindern kommen. Schaut einmal her.«

Rollen Sie jetzt die vorbereiteten gelben Transparentpapierstreifen aus, die von der Kerze in der Mitte ausgehen. Den ersten Streifen zum ersten Kind rollen und dessen Teelicht an der großen Kerze in der Mitte anzünden, alle singen dabei gemeinsam das Lied und fügen den Namen des Kindes ein. »Schaut, das Licht kommt jetzt zu Sarah, und wir singen dazu: ›Jesus hat die Sarah lieb. Halleluja‹.

Dann kommt das Licht auch zu Stefan, und wir singen: ›Jesus hat den Stefan lieb. Halleluja.‹ usw.

Wenn Sie bewusst die Erwachsenen und die Kinder ansprechen möchten, können Sie auch das Licht zu den »Müllers« kommen lassen und singen: »Jesus hat die Müllers lieb. Halleluja«.

»Jetzt ist es schön hell und gemütlich geworden, und in unserer Mitte ist ein großer Stern entstanden. Wir freuen uns schon auf Weihnachten!«

(Vielleicht gibt es an diesem Tag schon ein paar Weihnachtsplätzchen zum Knabbern.)

Jetzt fängt das schöne Frühjahr an ...

Der Frühling ist eine besondere Zeit: Kinder und Erwachsene erleben die Natur mit ihren Farben, Pflanzen und Tieren auf vielfältige Weise. Die folgenden Ideen zeigen, welche Möglichkeiten es gibt, ein »Stück Frühling« mit in die Eltern-Kind-Gruppe zu bringen.

Pflanzen und Blumen

Einpflanzen und Säen

- **Ein kleines Körnchen** in der Hand wird betrachtet und bestaunt und schon die Kleinsten nehmen es vom Boden auf (und stecken es sogar in den Mund? – Das ist nicht weiter schlimm!).

... ein Korn nach dem anderen kommt in die Erde.

- Vielleicht fühlen und wühlen wir auch einmal in einer **großen Schüssel voll Weizenkörner** ...
- **Weizenkörner – in Erde gedrückt – dürfen in kleinen Blumentöpfchen** mit nach Hause genommen werden und können von Erwachsenen und Kindern gepflegt und gegossen werden. Nach einer Woche geschieht das Wunder: Der Samen geht auf und die Weizenhalme wachsen ziemlich schnell. Die Freude und das Staunen über das Wachsen wecken auch das Bewusstsein für Veränderungen in der Natur: »Schau mal ... ganz zart ... so kräftig grün ... und schon so groß ...«
- Wenn die Weizenhalme 3 bis 4 cm groß sind, können wir sie streicheln wie **»Stoppelhaare«.** Nach der Frostzeit entwickeln sie sich im Garten schon zu dem ersten grünen Fleck, wachsen weiter und werden vielleicht sogar noch ein **Osternest**.
- **Kresse** geht schnell auf und kann zum Salat gegessen werden.
- **Radieschen** beginnen schon nach einer Woche zu sprießen. »Ernte« ist nach vier Wochen – Grund genug für eine gemeinsame Brotzeit!

- **Schnittlauchbrote** schmecken wunderbar.
- Selbst gezogene **Sonnenblumen** (im Topf vorziehen) bekommen später im Garten einen eigenen Platz.
- **»Bei uns im Garten«** (siehe Anhang) von Wolfgang de Haen: Dies ist ein großes Bilderbuch, in dem Groß und Klein viele Einzelheiten entdecken können und das den Garten im Frühjahr, Sommer, Herbst und Winter zeigt.

- **Frühlingswiese als Collage:** Mit den unterschiedlichsten Mitteln können Sie eine Frühlingswiese gestalten.

Auf einem großen Stück Papier (hier sind Reste von Zeitungsrollen, Abfälle aus Druckereien oder Tapetenrollen praktisch) lässt sich zum Beispiel Gras auf unterschiedliche Weise darstellen: mit grünen Transparentpapierschnipseln (mit Kleister aufgeklebt), mit Wellpappenstempeln und grüner Wasserfarbe und mit grüner Fingerfarbe und Kleister.

Hinzu kommen Blüten, Käfer mit bunten Farben und Schmetterlinge.

(Zu den Gestaltungsmöglichkeiten siehe auch das Kapitel »Wie fange ich es an?«)

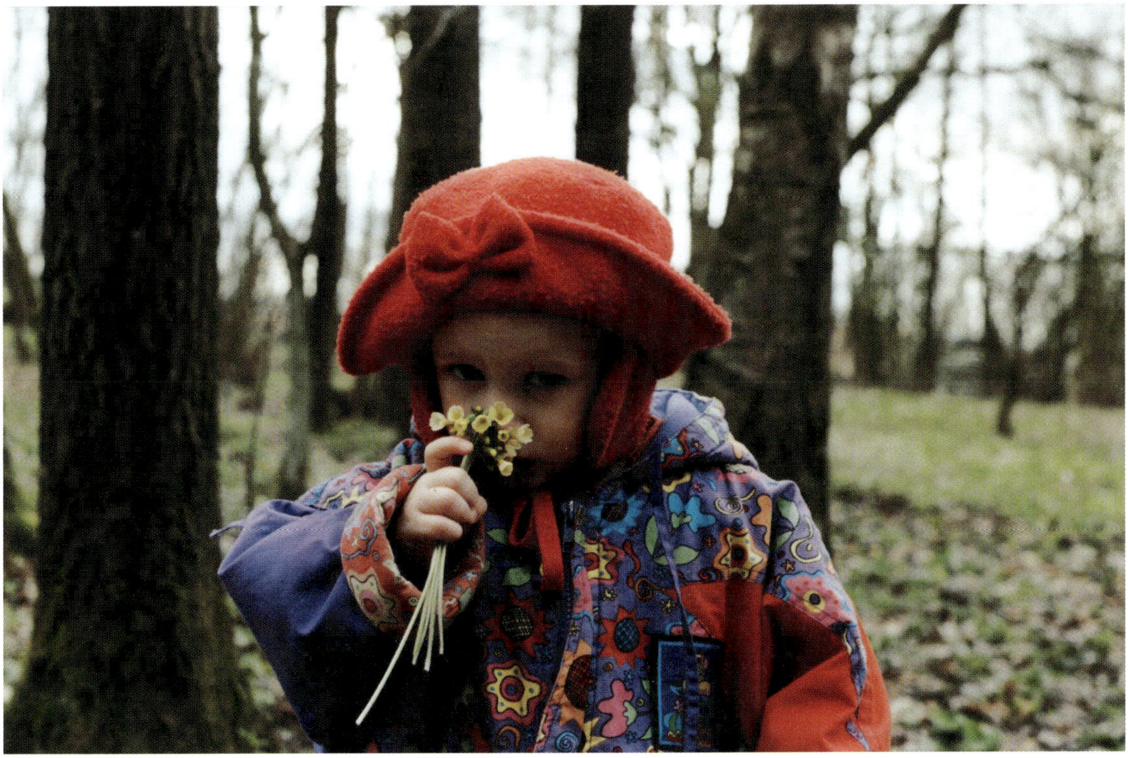

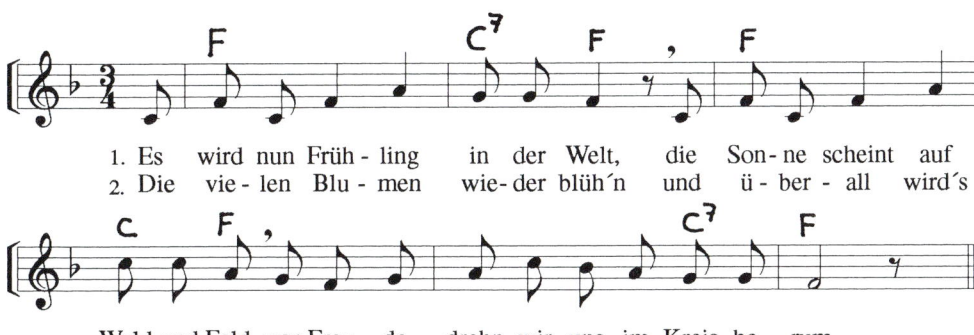

Ein Frühjahrsspaziergang kann unsere Sinne anregen!

Es wird nun Frühling in der Welt

F C7 F F
1. Es wird nun Früh - ling in der Welt, die Son - ne scheint auf
2. Die vie - len Blu - men wie - der blüh´n und ü - ber - all wird´s
C F C7 F
Wald und Feld, vor Freu - de drehn wir uns im Kreis he - rum.
wie - der grün, wir klat - schen, weil uns das so gut ge - fällt.

3. Die Vögel sind nun wieder hier,
baun sich ein Nest, sind froh wie wir,
sie fliegen fröhlich hin und her.

4. Tiri, tiri, tirallala ...

Erwachsene und Kinder stehen im Kreis. Für die Sonne beschreiben wir mit den Armen einen großen Kreis, vor Freude drehen wir uns auf der Stelle. Als Blumen sitzen dann alle in der Hocke, stehen langsam auf und strecken die Arme nach oben. Mit den Händen formen wir ein Nest und »fliegen« mit ausgebreiteten Armen, die wie Flügel auf und nieder geschwungen werden, durch den Raum, über die Wiese oder wo wir uns sonst gerade aufhalten, bis das Lied zu Ende ist.

Tiere

Im Frühling faszinieren die bunten **Schmetterlinge** Erwachsene und Kinder. In der Eltern-Kind-Gruppe können wir sie erleben!

- **Aus Krepppapier und Pfeifenputzern:** Die Finger »krabbeln« über Krepppapier (Größe ca. 15 x 15 cm) und schieben es in etwa folgendermaßen zusammen:

Der Pfeifenputzer (Länge ca. 25 cm) wird in der Mitte geknickt, unten 2 Mal umgedreht:

Dann wird das Krepppapier dazwischen gelegt und oben weiter zugedreht: Fertig ist der Schmetterling!

- Schmetterlinge **aus Transparentpapier** am Fenster: Mit Kleister wird am Fenster die Form eines großen Schmetterlings vorgegeben. Auf diese Form werden dann bunte Transparentpapierschnipsel gedrückt.
- Schmetterlinge **auf Fotokarton mit Transparentpapier**: Ein in Form eines Schmetterlings ausgeschnittener Karton oder Fotokarton wird mit Transparentpapierschnipseln oder kleinen Transparentpapierkugeln beklebt (mit Kleister oder anderem Klebstoff).
- Der Schmetterling **als Fädelspiel**: Ein aus (Foto-)Karton ausgeschnittener Schmetterling kann mit einem Locher gelocht werden und mit einem Schnürsenkel versehen zum Fädelspiel werden.

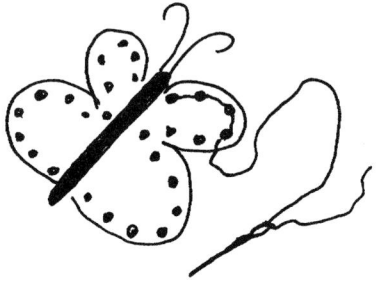

Die kleinen **Krabbel- und Marienkäfer** üben einen besonderen Reiz auf die Kinder aus. Sie werden bei Gelegenheit in der Natur entdeckt, beobachtet und dann der Natur nachempfunden:

● **Geschenkpapier oder Frühjahrsgrüße:** Die Kinder tauchen einen Finger (eventuell mit Hilfe der Erwachsenen) in rote Wasserfarbe und drücken ihn auf ein weißes Blatt Papier oder eine weiße Karte. Die Erwachsenen malen mit einem schwarzen Filzstift Füße, Kopf und Punkte hinzu. Auf diese Weise lassen sich ganze Geschenkpapierbögen herstellen oder eine liebevoll gestaltete Karte als Frühjahrsgruß für die Oma gestalten.

● Der **Marienkäfer als Fädelspiel**: Schneiden Sie einen Marienkäfer aus rotem Fotokarton aus und bekleben Sie ihn mit schwarzem Tonpapier (Punkte und Kopf). Lochen Sie ihn am Rand, knoten Sie einen bunten Schnürsenkel an einem Loch fest – und schon haben Sie ein weiteres Fädelspiel.

Die Fädelspiele können auch mit einer Stopfnadel und einem Stück Faden ausgestattet werden. Hier können Sie schon erklären, dass Große und Kleine mit der Nadel sehr vorsichtig umgehen müssen ...

● **Käfer als Fingerspiel:** »Erst kommt der Sonnenkäferpapa« (Anleitung siehe Kapitel »Mit allen Sinnen die Welt erobern«, S. 100).

Beim Sommerfest auf der Wiese

Text: Rolf Krenzer
Musik: Detlev Jöcker

Beim Som-mer-fest auf der Wie-se, da krab-beln die Kä-fer im Gras. He-rauf und he-run-ter, kopf-ü-ber, kopf-un-ter, und das macht den Kä-fern viel Spaß. He - Spaß.

Die Erwachsenen können während des Liedes mit den Fingerkuppen auf den Kinderkörpern krabbeln. Die Kinder können die Tiere bestimmen, die im Gras krabbeln: »Da krabbeln Ameisen im Gras, Raupen, Spinnen ...«.

Zu diesem Lied gibt es elf weitere Strophen. Wir haben die erste Strophe dem Buch »Elefantis Liederbuch« (Menschenkinder Verlag) entnommen. Siehe Quellenhinweis auf S. 166.

● **»Die kleine Raupe Nimmer-satt«** (siehe Anhang) von Eric Carle. Dies ist ein liebevoll gestaltetes Buch, das die Geschichte einer Raupe erzählt, die sich durch Obst und Kuchen frisst und sich zu einem wunderschönen Schmetterling entpuppt.

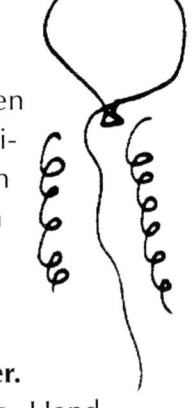

Vögel gehören zum Frühjahr und sind Gegenstände von bekannten Volksliedern wie »Alle Vögel sind schon da«, »Kommt ein Vogel geflogen« bis hin zu dem Fingerspiel »Steigt ein Büblein auf den Baum« (siehe Kapitel »Dauerbrenner«).

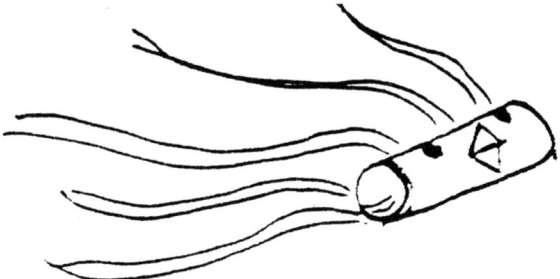

● **Bunter Paradiesvogel** (von Marianne Austermann und Gesa Wohlleben, siehe Anhang): Eine leere Klopapierrolle wird mit farbigem Tonpapier oder Klebefolie beklebt oder bemalt und anschließend mit vielen bunten Bändern aus Krepppapier geschmückt. Augen und Schnabel werden aufgeklebt oder mit Filzstift aufgemalt. Durch die Rolle wird ein ca. 50 cm langes Band gezogen und verknotet. Beim Laufen wird der Vogel mit dem Arm nach oben gehalten, so dass er herrlich durch die Luft flattern kann.

Fasching

● Statt maßgeschneiderten Kostümen (die gerade kleine Kinder oft nur ungern anziehen und die nach zehn Minuten zwicken und unbequem werden) empfehlen wir einen großen **Verkleidungskoffer.** Darin befinden sich Hüte, Handschuhe, Spitzenblusen (eventuell noch aus Omas Zeiten) seidene Stoffe usw. Hier können die Kinder in verschiedene Kleider und Rollen schlüpfen und haben eine Menge Spaß. Ein mitgebrachter Spiegel bringt Groß und Klein zum Staunen und Schmunzeln.

● **Klingende Luftballons** kann man selbst herstellen, indem man vor dem Aufblasen eines Luftballons kleine Glöckchen in den Luftballon steckt. Wenn der Luftballon aufgeblasen und verknotet ist, klingeln die Glöckchen lustig beim Spielen.

● **Hüpfende Luftballons** bekommen Sie, wenn Sie an einem aufgeblasenen Luftballon die »Fußabdrücke« Ihres Kindes befestigen:

Das Kind stellt sich hierfür auf einen Karton. Mit einem Stift werden die Füße »umfahren« und dann ausgeschnitten. Zwischen die Fersen wird der Knoten des Luftballons geklemmt.

Wenn der Luftballon in die Luft geworfen wird, landet er meistens wieder auf den Füßen. »Huii – unser Luftballon fliegt hoch in die Luft – hopp – wir springen hin und her und hooooch in die Luft. Wo sind wir gelandet? Daaaa! Und wieder huii – hoch in die Luft.«

● **Girlanden** lassen sich ganz leicht und schnell herstellen: Zerschneiden Sie eine Krepppapierrolle in vier Teile (ca. 10 cm).

Und schneiden Sie die einzelnen Teile an den Seiten ca. 3 – 4 cm ein.

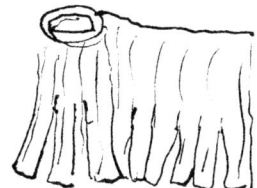

Zu guter Letzt entrollen Sie die Rollen und drehen sie mehrmals ein.

Manno manno mannomann!

Text: Rolf Krenzer
Musik: Detlev Jöcker

1. Was ich kann, kann je-der sehn. Ich kann lau-fen, ich kann gehn,

ich kann sit-zen und kann stehn und mich schnell im Krei-se drehn.

Refrain
Man-no, man-no, man-no-mann, je-der zeigt uns, was er kann!

Man-no, man-no, man-no-mann, je-der zeigt uns, was er kann.

Mit diesem Lied können alle Kinder – ver-kleidet oder nicht – zeigen, »was sie kön-nen«: Die einen können sich mit dem Hut lustig drehen, die anderen können hüpfen oder sausen. Manche können wie eine Prin-zessin laufen, andere wie Cowboys schießen. Das wird kurz besprochen und gelobt: »Toll machst du das! Schaut mal, was die Elke kann! Bravo! Da singen wir ›Manno manno, mannomann, die Elke zeigt uns, was sie kann (zweimal)‹ und klatschen dazu.«

Zu diesem Lied gibt es sechs weitere Stro-phen. Wir haben die erste Strophe dem Buch »Denkt euch nur, der Frosch war krank« ent-nommen (Menschenkinder Verlag). Siehe Quellenhinweis, S. 166. In der Krabbel-gruppe reicht der Refrain vollkommen aus.

Ostern

Mit kleinen Kindern entdecken auch Erwachsene wieder alte Bräuche, und es macht auf einmal Spaß, die Wohnung zu schmücken.

● Auf bereits vorhandene oder neu geschaffene **kunterbunte** Kindergemälde werden verschieden **große Eier** mit Bleistift aufgezeichnet und ausgeschnitten. Oben kommt ein kleines Loch hinein, ein Faden wird durchgezogen und das Ei an einen Ast gehängt oder ein Mobile daraus gemacht.

● Oder es werden **Eier aus weißem Fotokarton** (nicht zu klein, ca. 15 cm) ausgeschnitten, und die Kinder malen sie nach Lust und Laune an.

● **Ostereier aus Kunststoff** (in Bastelgeschäften erhältlich) sind für Kinder zum Gestalten praktischer als ausgeblasene Eier, weil sie nicht kaputtgehen können (die Erwachsenen können ja ausgeblasene Eier nehmen). Die Eier können mit Kleister eingerieben und mit Geschenkpapierschnipseln beklebt werden. Mit Kleister werden danach alle Schnipsel noch einmal glatt gestrichen. Aufgehängt oder als Stabeier im Blumentopf sehen sie sehr hübsch aus.

● Gekochte und **gefärbte Ostereier** können später zum Eiersalat verarbeitet und miteinander gegessen werden.

● Eine **Oster-** oder **Frühlingskerze** kann in dieser Zeit bei den Mahlzeiten oder beim Geschichtenvorlesen angezündet werden. Eine einfache Kerze kann mit entsprechenden Motiven (Hasen, Küken, Eiern, Blumen) verziert werden. Mit kleinen Ausstechformen, wie Sie sie vielleicht vom Plätzchenbacken kennen, lassen sich aus Wachsplatten die entsprechenden Motive ausstechen. Die einzelnen Wachsmotive werden auf die Kerze gelegt und dann mit der Hand an die Kerze gedrückt. Auf diese Weise wird das Motiv mit der Körperwärme des Kindes oder des Erwachsenen befestigt – ein schönes Gefühl.

Häschen in der Grube (siehe Kapitel »Dauerbrenner«, S. 89)

Zu diesem Lied gibt es ein **Kreisspiel**: Erwachsene und Kinder bilden einen Kreis und halten eine Decke fest, auf der ein Kind »schläft«. Dieses Kind wird auf der Decke sanft hin- und hergewiegt. Zum Schluss des Liedes »hüpft« das Kind in der Decke, die von allen vorsichtig auf und ab bewegt wird.

Ich bin ein kleines Häschen

Ich bin ein klei-nes Häs-chen, mit ei-nem Schnup-per-
Ich bin ein klei-nes Häs-chen, mit ei-nem Schnup-per-

näs-chen, ich streck die Oh-ren in die Höh´ und hüp-fe durch den
näs-chen, und wenn ich nicht mehr hüp-fen will, dann sit-ze ich ganz

Klee.   Klei-ner Has´, Schnup-per-nas´, hüpft durch´s grü-ne Gras.
still.   Klei-ner Has´, Schnup-per-nas´, sitzt im grü-nen Gras.

Auch hierzu gibt es ein Kreisspiel: Die Kinder geben sich die Hände und bilden einen Kreis. Ein Kind setzt sich als Häschen in die Mitte. Es zeigt bei »Schnuppernäschen« auf seine Nase und wackelt mit den Händen hinter dem Kopf hin und her (Ohrenwackeln). Dann hüpft es im Kreis herum. Bei der zweiten Strophe sitzt es still im Kreis.

- »**Ostern auf dem Bauernhof. Bilderbuch mit Guckloch**« (siehe Anhang) von Erika Meier-Albert ist ein hübsches kleines Bilderbuch zur Osterzeit.
- »**Der Hase mit der roten Nase**« (siehe Anhang) von Helme Heine ist ein stabiles Buch mit einer lieben Hasengeschichte.
- »**Tiere gestrickt als Handspielpuppen**« (siehe Anhang) von Christa A. Wittke. Wie wäre es mit einem Osterhasen ...

Sommerzeit – Ferienzeit ...

Aktion Sandkasten

Wie wäre es mit einem Eltern-Kind-Treffen am Sandkasten? Wo gibt es in Ihrem Ort einen großen, sauberen Sandkasten? Eventuell können Sie auch bei Kindergärten oder -heimen anfragen, ob Sie den Sandkasten einmal mitbenutzen dürfen.
Im Sandkasten spielen Groß und Klein bewusst zusammen:

- **»Kuchen backen«,**
- **Füße eingraben** und singen »Meine Füße sind verschwunden« (vgl. hierzu »Meine Hände sind verschwunden« in dem Kapitel »Mit allen Sinnen die Welt erobern«, S. 99).
- **Straßen und Kugelbahnen bauen,**
- **Teich anlegen** (mit Plastiktüten als Unterlage) usw.

Bauen Sie sich doch selbst einen Sandkasten nach Ihren Wünschen im Garten des *Gemeindehauses oder an einem von der Stadt genehmigten Platz. Den Sand bekommen Sie eventuell als Spende von einer großen Baufirma vor Ort geliefert, Holzreste für die Umrandung erhalten Sie vielleicht beim nächstgelegenen Sägewerk?!*

Bei schlechtem Wetter holen wir uns Sand nach drinnen:

- Wir sieben ihn auf dunkles Papier, das wir vorher mit Alleskleber bemalt oder betupft haben. Der Sand wird vom Papier abgeschüttelt und an den mit Kleber bemalten Stellen bleibt er kleben – ein kleines **Zauberbild** ist entstanden!
- Wir mischen ihn mit Fingerfarben und gestalten auf diese Weise **kunterbunte Sandbilder.** Das macht sich besonders gut auf stabilen Schuhschachteldeckeln, Pralinenschachteln, Postpaketen usw., die dann als persönliche **Schatzkiste** dienen.

Aktion Sonnensegel

Sie kennen sicherlich die vielen Warnungen vor zu viel und direkter Sonneneinstrahlung. Nachweislich ist eine hohe Anzahl an Sonnenbränden bis zum 16. Lebensjahr mitverantwortlich für Hautkrebs. Schützen Sie also Ihre Kinder durch entsprechende Kleidung, Sonnenhüte, Sonnencreme und ein Sonnensegel: Sie können ein flexibles Sonnensegel für Aufenthalte im Freien (zum Beispiel über dem Sandkasten) selbst machen, indem Sie Lein- und Betttücher (zum Beispiel aus Altenheimen) einfärben, mit Farbresten bespritzen oder nach Anleitung batiken und nach Bedarf zusammennähen. Und schon ist ein **Sonnenschutz** für den Garten (mit Zeltstangen und Schnüren) oder ein großer bunter **Stofffallschirm** zum Spielen fertig (siehe Kapitel »Spiel und Spaß mit Tüchern«, S. 97)

Karussellfahrt

Text und Musik: M. Austermann
G. Wohlleben

Auf der grü - nen Wie - se   steht ein Ka - rus - sell.

Manch-mal fährt es lang - sam,   manch-mal fährt es schnell.

Ein - stei - gen, fest-hal - ten!   Tum- di- del- dum- dum, tum- di- del- dum, das

Ka- rus- sell fährt rum.

Erwachsene und Kinder bilden einen Kreis: Es steht immer ein Kind neben einem Erwachsenen. Das »Karussell« beginnt sich langsam zu drehen und wird schneller, bis alle Kinder schweben. Achtung: Die Kinder am besten an den Oberarmen festhalten!

Freiluftaktionen

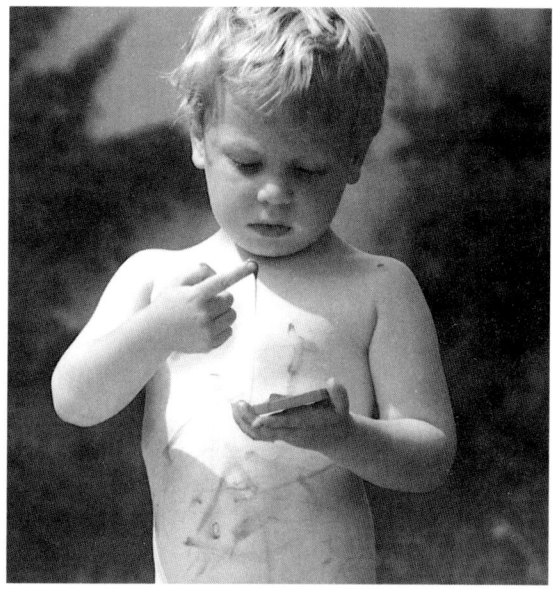

- Wenn Sie draußen über einen Wasseranschluss verfügen, können Sie doch an einem heißen Tag ein **Planschbeckenfest** starten. Drei oder vier Familien bringen ein Planschbecken mit (den Sonnenschutz nicht vergessen). Das Planschbecken sollte, damit sich das Wasser erwärmen kann, ein paar Stunden vorher gefüllt werden. Es dient wunderbar zum Spielen, zur Abkühlung und eventuell auch zum Abwaschen von Fingerfarben u. Ä.

- Wie wäre es mit **Fingerfarb-Erlebnissen** im Freien?
- **Hand- und Fußabdrücke** in Salzteig oder Gips lassen sich bei schönem Wetter im Garten gut machen.
- Was halten Sie von einem **Grillabend** zum Abschluss eines sonnigen Sommertages? Auch Omas und Opas könnte man dazu einladen. Alle Familien könnten sich auf diese Weise einmal kennen lernen.
- Wenn Sie **Stockbrote** backen wollen, hier ein Rezept (für 10 Stockbrote):
  500 g Mehl
  1 Würfel frische Hefe
  1/2 Tl Zucker
  1 Tl Salz
  1/4 l lauwarmes Wasser

  Außerdem werden benötigt:
  10 geschälte und angespitzte Holzstöcke,
  Marmelade oder Schnittlauchbutter

In der Mehlmulde Hefe, Zucker und die Hälfte des Wassers als Vorteig gehen lassen (15 Minuten), dann mit dem restlichen Wasser verkneten. Aus dem Teig kleine Klöße formen (ca. 10 Stück) und zu langen Würsten rollen. Diese jeweils auf die Stöcke spießen und (nicht so dick) umwickeln.

Über der Glut vom Lagerfeuer oder dem Grill werden die Stockbrote solange gedreht, bis sie gar sind. Mit Marmelade oder Schnittlauchbutter füllen bzw. bestreichen oder pur genießen. Guten Appetit!

● Wenn Sie Ihre Freude über einen schönen Sommertag gemeinsam ausdrücken wollen, können Sie das doch mit dem Lied »Wenn du fröhlich bist« tun: Je nach Text wird geklatscht, gehüpft, gesprungen und »juhu« gerufen ...

Beim Singen klatschen alle in die Hände und springen in die Luft, und zum Schluss hört man ein lautes »Juhu!«.

Wenn du fröhlich bist

Überliefert

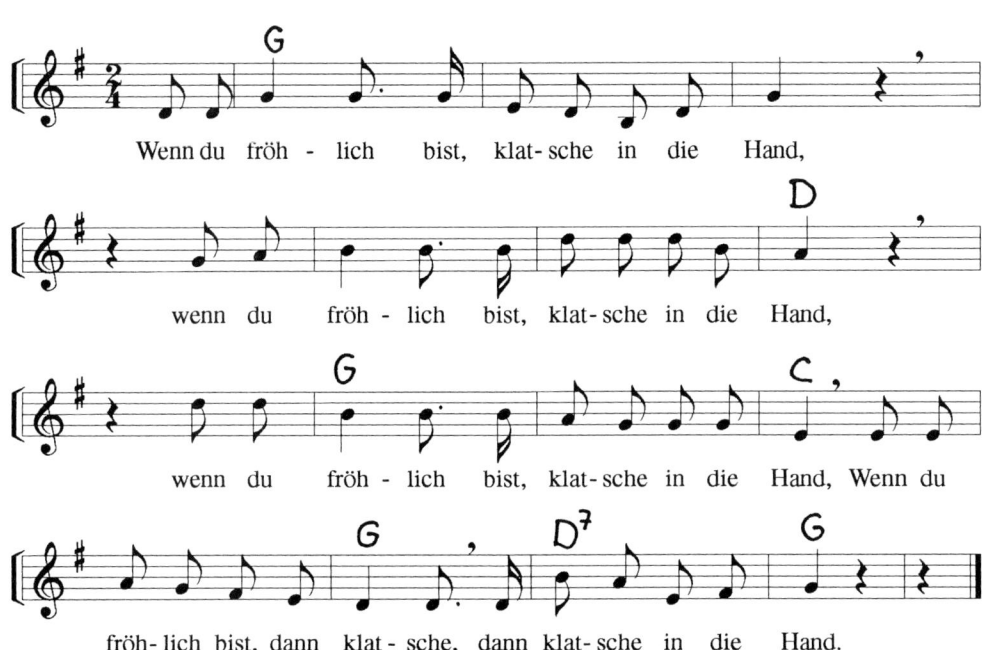

Wenn du fröh - lich bist, klat - sche in die Hand,

wenn du fröh - lich bist, klat - sche in die Hand,

wenn du fröh - lich bist, klat - sche in die Hand, Wenn du

fröh - lich bist, dann klat - sche, dann klat - sche in die Hand.

**Wenn du fröhlich bist,
(dann) springe in die Luft.**

**Wenn du fröhlich bist,
(dann) schreie laut »juhu!«.**

Spaziergang in der Natur

Ein Garten in der Nähe oder ein Treffpunkt im Wald, der – wenn er zu weit entfernt ist – mit dem Auto angefahren werden kann, ist Ausgangspunkt für einen Spaziergang. Kinder und Erwachsene genießen eine gemeinsame Unternehmung.

Bei einem Spaziergang werden die Sinne auf besondere Weise angeregt!

- **In der Natur wird gelauscht:** Wir stehen im Kreis. »Ganz still ... psssst ... wer hört was? Wer kann die Augen zumachen? Was hört ihr?« Hände werden an die Ohren gehalten und alle Geräusche werden genau wahrgenommen. Wir werden Vogelstimmen, das Rauschen der Bäume und vieles mehr hören.

● **Wir beobachten Tiere:** Käfer, Raupen, Bienen, Vögel …
(Tipp: Grenzen Sie mit einer Schnur einen bestimmten Bereich – von ca. 2 m Durchmesser – am Waldboden oder auf der Wiese ein und greifen Sie eventuell auf eine Lupe als Hilfsmittel zurück.

● **Sammeln Sie Naturmaterialien** für Bastelleien und als Vorrat für die Eltern-Kind-Arbeit!

Im Garten, im Garten

Text: Heinz Beckers
Musik: Detlev Jöcker

2. Schmetterlinge kann ich sehen,
   dort, wo bunte Blumen stehen.
   Einen Reigen in den Zweigen
   wollen uns die Mücken zeigen.

3. Häschen hoppeln und sie grasen
   auf dem frischen Sommerrasen.
   Grillen zirpen – spieln Verstecken,
   ich versuch sie zu entdecken.

Die Kinder singen bei diesem Lied nur den Refrain! Wer mag, kann zwischendrin die schönen Strophen singen (dem Text entsprechend gemalte Bilder zeigen).

Besondere Erlebnisse

● **Aktion Feuerwehr:**
Laden Sie doch die örtliche Feuerwehr einmal zu einem Nachmittag im Sommer ein. Eine Fahrt im Feuerwehrauto und das Ziel-Wasserspritzen machen Erwachsenen und Kindern großen Spaß. Fotapparat nicht vergessen!

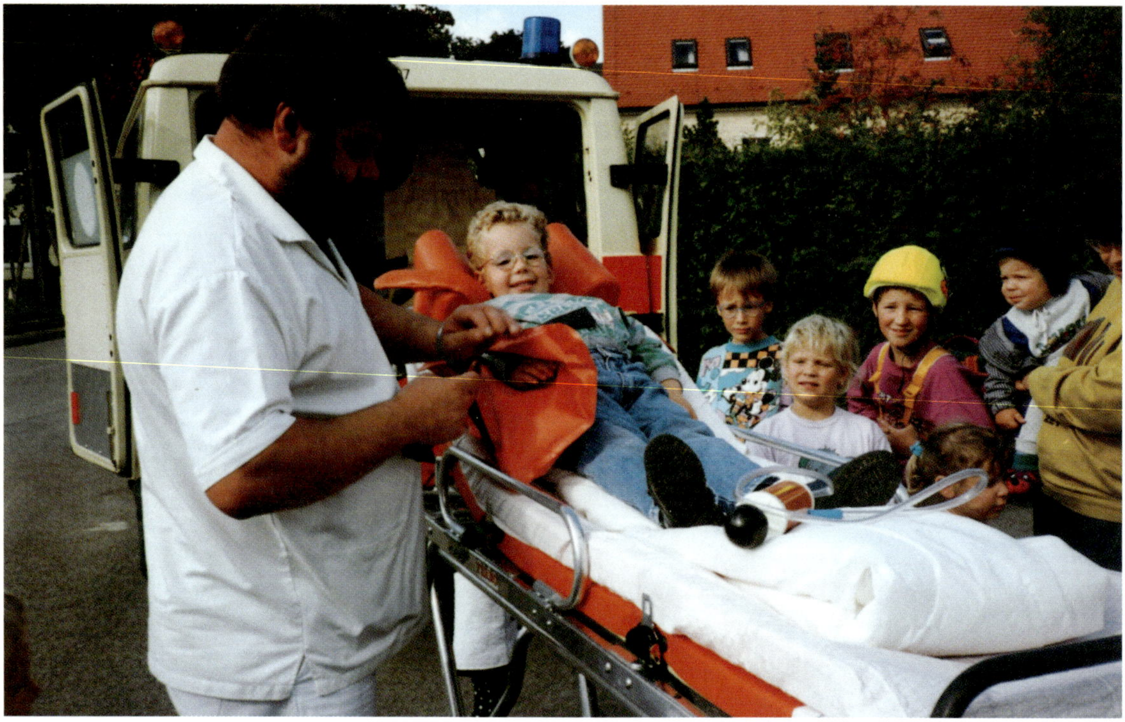

![Foto: Ein Sanitäter in weißer Kleidung versorgt ein Kind auf einer Krankentrage am offenen Krankenwagen, umringt von weiteren neugierigen Kindern.]

● **Aktion Krankenwagen:** Auch das Rote Kreuz lässt sich zu der Vorführung eines Krankenwagens einladen. Es empfiehlt sich, im Vorfeld zu klären, dass die Informationen für die Erwachsenen kurz gehalten werden und die Vorführung der Geräte für die Kleinen kindgerecht durchgeführt wird. Pflaster oder Verband für den Arztkoffer der Eltern-Kind-Gruppe sind ein schönes Andenken an diesen Nachmittag.

Was halten Sie von einer **Aktion Ponyreiten**, einem **Besuch bei Schafen** oder **beim Imker**, sofern es in der Nähe eine Möglichkeit für solche Unternehmungen gibt?
Oder ein **gemeinsamer Ausflug** nach ... Auch wenn Ausflüge für einzelne Familien (zum Beispiel mit einem Baby) sehr aufwendig sind, machen sie doch viel Freude und stärken das Gruppengefühl. Einzelne Familien lernen auch neue Ausflugsziele für sich als Familie kennen. Suchen Sie sich nahe gelegene, überschaubare Ziele aus (zum Beispiel einen Spielplatz im Nachbarort, einen Bach am Waldrand, einen Vogelpark in der Nähe oder einen Bauernhof am Stadtrand) und fahren Sie nicht länger als eine Stunde, um Ihr Ausflugsziel zu erreichen. Der Tierpark in der Großstadt oder ein Erlebnispark kosten viel Kraft, Geld und Zeit. Gerade die ganz Kleinen erleben das eher als Stress und Reizüberflutung.

Was haben Sie denn für eine Ausflugsidee beim Lesen bekommen?

Der bunte Herbst ist da

Blätter

Der Herbst bietet Materialien aus der Natur, die Kinder und Erwachsene zum Singen, Spielen und Gestalten einladen. Hierzu gehören zum Beispiel Blätter.

- Sammeln Sie Blätter bei einem Ausflug oder bringen Sie doch einfach ein **Tuch voll trockener Herbstblätter** mit. **Blätter** lassen sich **hören** (im Tuch oder Sack rascheln), **riechen** (an einzelnen Blättern schnuppern) und **fühlen** (ein Blatt abtasten).

- Suchen Sie gemeinsam ganz bewusst **ein Blatt** aus und betrachten Sie es (Adern, gezackter Rand usw.). Es kann auch für die Erwachsenen wieder eine schöne Erfahrung sein wahrzunehmen, wie einmalig jedes Blatt ist.

- Blätter lassen sich wunderbar **in die Luft werfen,** pusten, man kann im Laub toben (drinnen und draußen) und anschließend singen:

Falle, falle, falle

Überliefert

Fal - le, fal - le, fal - le, gel - bes Blatt, ro - tes Blatt,
Fal - le, fal - le, fal - le, wei - ßer Schnee, wei - cher Schnee,

bis der Baum kein Blatt mehr hat, weg - ge - flo - gen al - le.
tut den Blüm - lein gar nicht weh, denn sie schla - fen al - le.

Das Lied »Falle, falle, falle« *kann auch ohne richtige Blätter gesungen werden: Dann fallen unsere Hände ganz langsam wie Blätter auf den Boden.*

- **Basteln und Gestalten** mit Herbstblättern führt zu wunderschönen Ergebnissen für zu Hause oder den Eltern-Kind-Raum.
- Bereiten Sie aus Karton einen **Baum** vor (Größe nach Bedarf und Möglichkeiten), legen sie ihn auf den Boden und bestreichen Sie die Krone mit Kleister. Dann können die Kinder die Blätter einfach aufdrücken und Sie haben ein Stück Herbst mitten im Zimmer. Der Blätterbaum kann auch im Rahmen einer Aufräumaktion entstehen: Wenn mit den Blättern vorher getobt wurde, werden die Kinder eingeladen, alle Blätter herbeizubringen und auf den Kleisterbaum zu legen. So führt das Aufräumen im Zimmer zu einem eindrucksvollen Ergebnis.

- **Gepresste Blätter** können die Kinder gut auf Zeichenpapier kleben (durcheinander oder in Form eines Baumes usw.).
- Ein **Blätterwurm** kann als Bastelvergnügen für einen Nachmittag dienen oder ebenfalls als Aufräumaktion fungieren. Bepinseln Sie zur Vorbereitung einen aufgeblasenen Luftballon mit Kleister und kleben Sie noch nicht ganz trockene Herbstblätter rundherum darauf. Am Kno-

ten des Luftballons wird eine 1 – 2 m lange Schnur oder ein Wollfaden befestigt. An dem Wollfaden ist eine stumpfe Nadel angeknotet. Vorsichtig soll nun ein Blatt nach dem anderen auf die Nadel gesteckt werden. Ein Erwachsener ist dabei, hält die Nadel und schiebt das Blatt weiter auf den Faden bis zum Luftballon (der den Kopf des Wurms darstellt). Alle Kinder bringen ihr Blatt und ziehen wieder los, um ein neues zu bringen. Es werden viele, viele Blätter benötigt, bis der Wurm eine stattliche Länge hat. Der Blätterwurm kann über der Tür schwe-

ben oder mitten im Zimmer als herbstliche Dekoration dienen (zum Spielen ist er nicht geeignet, weil die Blätter brechen und abbröseln, wenn sie trocken werden).

- Blätter – einfach mit einem Faden an einen Ast oder Holzring gehängt – sehen sehr hübsch aus. Das geht schnell, ist einfach und kann als **Windspiel** die Gruppe durch den Herbst begleiten.
- Legen Sie Blätter mit den Adern nach oben unter ein Zeichenpapier, dann können die Kinder mit Wachsmalstiften oder -blöcken »drüberrubbeln«. So lassen sich schöne **Herbstmotive** herstellen, die auch zum

Ausschneiden für Herbstgrüße geeignet sind.

- Ein Blatt auf der Seite mit den Adern mit Stofffarben anmalen und mit der farbigen Seite auf eine **Tischdecke, Serviette** oder eine **Einkaufstasche** legen, Zeitungspapier darüber legen und eventuell mit einem Lappen oder der bloßen Hand fest drücken, tupfen oder streichen. Dann vorsichtig die Zeitung und das Blatt hochheben und – »Hokuspokus Fidibus« – ein Blätterkunstwerk ist entstanden.
- Mit einem Streifen Wellpappe (der je nach Kinderkopfgröße mit einer Büroklammer zu einer Schlaufe geheftet wird) kann **eine schöne Krone** gestaltet werden. Die Stiele der Blätter werden in die Löcher der Wellpappe

gesteckt, und schon ist die Blätterkrone fertig. Mit Hilfe eines Spiegels können sich die Herbstprinzessinnen und Blätterkönige bewundern.

Kastanien

- Im September ist Kastanienzeit. Vielleicht kennen Sie einen schönen Baum (abseits einer Straße), der zum **Kastaniensammeln** einlädt: mit Schale und ohne Schale, mit Blättern und kleinen »Kastaniennestern« am Ast. Hier gibt es viel zu staunen: Die Kastanienschale außen pikst wie ein Igel; die Kastanienschale innen ist weich wie ein Samtkissen; die großen Blätter ähneln einer großen Hand und winken uns zu; die glatten, kalten Kastanien laden zum Spielen ein.
- Wenn es zu aufwendig ist, die **Kastanien** gemeinsam zu sammeln, können Sie sie in die Gruppe mitbringen: **in Dosen** (zum Beispiel Kakao-, Tee-, Cappuccinodosen) **und in Schachteln.** Jetzt wird erst einmal gerüttelt und geschüttelt. »Was ist denn das? Was hör ich da? Es klopft und bollert, es tockert und kracht.« Die Kinder öffnen die Dosen und Schachteln.
- Jetzt können die Kastanien erst einmal gekullert werden (wenn Sie ausschließlich große Kastanien nehmen, brauchen Sie keine Angst zu haben, dass die Kleinsten sie herunterschlucken). Vielleicht haben Sie auch ein paar Röhren zur Hand (von der Baustelle Plastikrohre oder aus dem Haushalt Papprollen), die Ihnen an Stuhlbeinen festgebunden als **Kullerbahn** dienen.
- Vielen Kindern macht es auch Spaß, die **Kastanien in Körben und Schachteln** herumzutragen, umzufüllen und zu sortieren.
- Zum Schluss bietet sich das **»Aufräumlied«** an, das Sie in dem Kapitel »Dauerbrenner« finden (S. 80): »Wer bringt mir die Kastanien? Hört mal alle her! Wer bringt mir die Kastanien? Das ist gar nicht schwer!«

Für die folgenden zwei Bastelideen mit Kastanien bedarf es einer Vorbereitung: Bohren Sie zunächst Löcher durch die Kastanien (mit der Bohrmaschine oder dem Handbohrer, schwieriger ist es mit einer dicken Nadel oder mit einem Hammer und Nagel). Hierbei können Ihnen nur große Kinder helfen oder Sie bereiten die Bastelei allein vor.

- Eine **Wurfschlange** entsteht, wenn Sie durch das gebohrte Loch einer Kastanie drei oder vier, ca. 40 cm lange, bunte Krepppapier-Streifen fädeln und zuknoten. Die Wurfschlange sieht lustig aus, macht Spaß beim Spielen, ist unter »Wurfanleitung« ungefährlich (alle von einer Seite zur anderen) und kann mit nach Hause genommen werden. Im Freien können Sie auch mit der Wurfschlange spielen, aber Vorsicht: Das Krepppapier färbt stark, wenn es mit Feuchtigkeit in Berührung kommt.

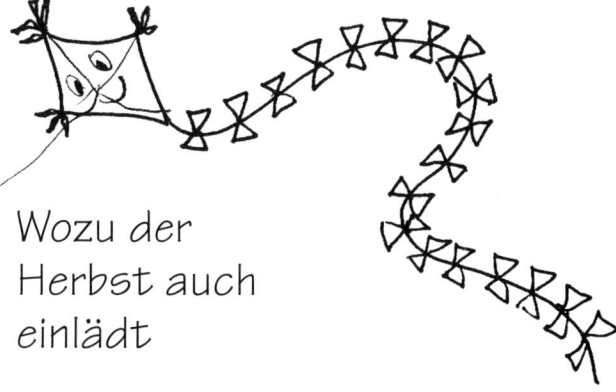

- Eine **Kastanienkette** lässt sich herstellen, indem mehrere Kastanien auf ein langes Schuhband (das an den Enden verstärkt ist) gefädelt werden. Die Länge der Kette kann variieren. Auch Ketten mit nur drei Kastanien können hübsch aussehen. Ketten mit vielen Kastanien werden sehr schwer. Sie dienen nicht nur als Schmuck, sondern eignen sich auch zum Spielen in der Hand oder für die Rückenmassage bei Erwachsenen: Vorsichtig auf die Kastanien legen und sich langsam hin und her bewegen.

Wozu der Herbst auch einlädt

Sammeln Sie doch einfach bei einem Spaziergang alles, **was der Herbst bietet:** Blätter, Kastanien, Eicheln, Hagebutten, Tannenzapfen, Rinde usw.

- All diese Fundstücke lassen sich zu einer **Collage** (Gesteck auf einer Baumscheibe oder in einem Korb) zusammenstellen. Hier sind die Kinder gefragt!
- Erfinden Sie einfach eine **Geschichte** mit den gesammelten Fundstücken: »Es war einmal eine kleine Hagebutte, die in einer Kastanienschale schlief ...«
- Die herbstlichen Fundstücke werden zusammen an einen Ast gehängt und dienen als **Mobile**.
- Wie wäre es mit einem **Kartoffelfeuer**? Kennen Sie es noch aus Ihrer Kindheit?
- Wenn Sie eine **Kürbislaterne** basteln, können Sie auch das Innere des Kürbisses verwerten. Zum Beispiel für einen **Kürbiseintopf**: Zwiebeln, Tomaten und Kürbisfleisch werden einfach gewürfelt, zusammen mit Maiskörnern und einer Tasse Fleischbrühe in einen Schmortopf gegeben, dieser zugedeckt und das Ganze in einer guten halben Stunde gar gekocht.
- **Kürbiskette:** Die Kerne herausnehmen, waschen und einzeln zum Trocknen auf Zeitungspapier oder in eine Plastikschale geben, dann mit Nadel und Faden auffädeln ...
- **Kiefernzapfen mit Kürbiskernen:** Die Kerne, in einen Kiefernzapfen gesteckt, ergeben einen hübschen Schmuck für ein Fenster oder für den Weihnachtsbaum.

Wenn der frische Herbstwind weht

Text: Albert Sixtus
Musik: Richard Rudolf Klein

Wenn der fri-sche Herbst-wind weht, geh´ ich durch die Fel - der,
Und der wa-ckelt mit dem Ohr, wa-ckelt mit dem Schwänz-chen.

schi-cke mei-nen Dra-chen hoch ü-ber al-le Wäl - der.
Und er tanzt den Wol-ken vor, hui, ein lu-stig Tänz-chen.

Alle gehen durch den Raum und ziehen mit den Händen den »Drachen« durch die Luft. Mit den Händen am Ohr und am Po können wir wie ein Drachen wackeln und tanzen.

<h1>Sankt Martin (Ausklang des Herbstes)</h1>

● Basteln Sie in dieser Zeit einfache Tischlaternen und genießen Sie mit den Kindern den Lichterschein. Für eine **Tischlaterne** benötigen Sie ein Stück Tonpapier in der Größe 15 x 25 cm, das Sie folgendermaßen falten:

Auf der gefalzten Seite schneiden Sie das Papier in ca. 1 cm breiten Abständen 3 bis 4 cm lang ein,

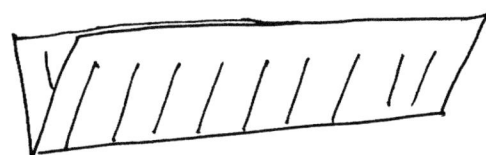

klappen es wieder auf, kleben die schmalen Seiten zusammen und stellen es über ein Teelicht. Fertig ist die Tischlaterne.

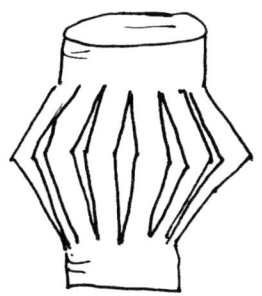

Ein weiteres Tischlicht finden Sie im Kapitel »Weihnachten steht vor der Tür«, S. 157.

● Auch mit Transparentpapier beklebte kleine **Marmeladen- oder Joghurtgläser** geben ein schönes Licht.

● Am 11. November, dem **Martinstag**, können wir uns an den mildtätigen und menschenfreundlichen Bischof Martin erinnern, der seinen warmen Mantel mit einem Bettler teilte.

● Vielleicht mögen Sie auch schon in einfachen, kurzen Sätzen die **Geschichte von Sankt Martin** erzählen. Dazu ein Buchtipp: »Mein Buch vom Heiligen Martin« (siehe Anhang).

● Manche Eltern-Kind-Gruppen basteln **richtige Laternen** für einen kleinen Umzug oder schließen sich den Kindergartenkindern beim Laternenumzug an. Da wurden ganz unterschiedliche Erfahrungen gemacht ... Wie wollen Sie es machen?

Weihnachten steht vor der Tür

Kennen Sie die großen Augen der Kinder, wenn Sie eine Kerze anzünden oder ein Stern glitzert? Das ganz Besondere der Advents-, Weihnachts- und Winterzeit können Sie mit verschiedenen Liedern, Spielen und Bastelideen für Kleine und Große in die Eltern-Kind-Gruppen hineintragen.

wärmen im Gruppenraum bei einer Tasse **Winterpunsch?** Für 12 Tassen Winterpunsch gibt man 6 gehäufte Teelöffel Weihnachtsfrüchtetee in 1 l kochendes Wasser. 5 Minuten ziehen lassen. Anschließend werden 0,4 l Orangensaft und 0,2 l Traubensaft hinzugegeben und alles

Schnee

Die ersten **Schneeflocken,** die im Winter vom Himmel fallen, sind für Kinder sehr aufregend und werden freudig begrüßt. Schneebedeckt sieht die Welt ganz anders aus – wir fühlen die Kälte; wir hinterlassen Spuren, unternehmen vielleicht eine lustige Schlittenfahrt, bauen einen Schneemann ...

● Was halten Sie von einer gemeinsamen **Schlittenfahrt** und anschließendem Auf-

zusammen erwärmt. Eventuell mit 1 gestrichenen Esslöffel Zucker oder Honig süßen und das Ganze durch ein Sieb in Thermoskannen gießen. Schmeckt lecker!

Mit »**Ersatzschnee**« lässt sich auch drinnen spielen und basteln:

● Entdecken Sie mit den Kindern **Watte**: Sie lässt sich zupfen, pusten, mit ihr kann man sich an der Backe streicheln, sie kann wie Schneeflocken zur Erde fallen (am besten geht es ohne Teppichboden). Dabei singen wir das folgende Lied:

Schneeflöckchen, Weißröckchen

Überliefert

1. Schnee - flöck - chen, Weiß - röck - chen, wann__ kommst du ge -
2. Komm__ setz dich ans Fens - ter, du__ lieb - li - cher

schneit? Du__ kommst aus den Wol - ken, dein__ Weg ist so weit.
Stern, malst__ Blu - men und Blät - ter, wir__ ha - ben dich gern.

3. Schneeflöckchen, Weißröckchen, deckst die Blümelein zu, dann schlafen sie sicher in himmlischer Ruh.

4. Schneeflöckchen, Weißröckchen, komm zu uns ins Tal, dann baun wir den Schneemann und werfen den Ball.

● Alle Kinder bringen ihre Schneeflöckchen und lassen sie auf einen großen blauen Fotokarton fallen, der vorher in der Form eines Schneemanns mit Kleister bestrichen wurde. An der Stelle, wo der Kleister aufgemalt ist, bleiben die Watteflöckchen kleben und wir haben einen **Schneemann** gebaut. »Was braucht der Schneemann noch? Einen Hut, genau! Den zaubern wir – Hokuspokus Fidibus – aus dieser Zauberschachtel. Darin sind alle vorbereiteten Teile verborgen. »Dann hat der Schneemann noch eine lange .... ja, Nase – wie eine Karotte sieht die aus – und Hokuspokus Fidibus ist die Nase da!« Zwei Ohren und fünf Knöpfe werden dazugeklebt und fertig ist der Wintergeselle. (Vorbereitung: Hut und Knöpfe aus schwarzem Tonpapier schneiden, die Nase aus orangenem Tonpapier.)

- Alle Kinder bringen ihre Schneeflöckchen zu den Erwachsenen. Diese halten eine Nadel mit einem langen Faden bereit. Alle Watteflöckchen werden nun aufgespießt und am Schluss – wenn alle Fäden am Fenster, an der Decke oder an einer ausgeschnittenen Wolke hängen – haben wir ein wunderbares **Schneegestöber**. Eignet sich auch wunderbar als Aufräumaktion!

- Einen **Schneemann** können Sie auch mit **Korkdruck** gestalten. Hierfür benötigen Sie einen dunklen Fotokarton für den Hintergrund und weiße Fingerfarbe oder Deckweiß für den Schneemann. Hut, Augen, Nase und Knöpfe können wieder aufgeklebt werden (siehe S. 154).

- Vielleicht haben Sie auch Lust auf eine **Schneeball-schlacht im Zimmer**. Wir nehmen Zeitungspapier, knüllen es zusammen und werfen die »Schneebälle« in die Luft, bis zur Decke und quer durchs Zimmer. Hier können sich die Kinder austoben.

- Ist der Winter noch nicht eingezogen, holen Sie doch etwas **Schnee oder Eis aus der Gefriertruhe**: Dann werden die Kinder spüren, wie kalt Schnee und Eis sind.

Sterne

- Den schönsten Stern können Sie mit den ganz Kleinen am Fenster machen – **mit Transparentpapier und Kleister**. Wenn nach dem Entdecken des Transparentpapiers (wie es knistert und raschelt) lauter klitzekleine Schnipsel im Raum verteilt

sind, pinseln Sie mit Kleister eine oder mehrere große Sternformen an die Fenster. Dann bringen die Kinder ihre Schnipsel und drücken Sie an das Fenster. Auf diese Weise entsteht ein leuchtender, bunter Stern.

Der Stern lässt sich auch leicht wieder entfernen. Entweder, indem sie ihn einfach abziehen (große Stücke lösen sich ab), oder, indem Sie ihn einweichen und das Fenster dann abwaschen.

- Mit der gleichen Methode können Sie auch das Thema **»Hell und Dunkel«**, »Tag und Nacht« andeuten: Nehmen Sie gelbes Transparentpapier für die Sterne und dunkelblaues Transparentpapier für die Nacht. (Das entstandene Kunstwerk sieht auch am Tag wunderschön aus, besonders bei Sonnenschein.)

Licht

- Mit den kleinen Transparentpapierschnipseln lassen sich zusammen mit den Kindern auch bunte **Lichtergläser** zaubern: Ein Joghurtglas mit Kleister einstreichen, Schnipsel aufkleben, trocknen lassen, Teelicht ins Glas – fertig! Die selbst gemachten Adventslichter können den Kaffeetisch schmücken. Die Gläser mit den Teelichtern können auch die Kleinsten tragen, ohne dass etwas passiert. Aber Vorsicht – nach einiger Zeit wird der Glasrand oben heiß. Während alle ihre Gläser durch den Raum tragen, können wir das folgende Lied singen:

Tragt in die Welt nun ein Licht

Text und Musik:
Wolfgang Longardt

Tragt in die Welt nun ein Licht, sagt al-len: Fürch-tet euch nicht! Gott hat euch lieb, Groß und Klein! Seht auf des Lich-tes Schein!

Der Text kann auch wie folgt abgeändert werden: »Tragt zur Sabine ein Licht ...« oder »Tragt zu den Müllers ein Licht ...« Diese direkte Ansprache wird von allen als sehr schön empfunden und lässt das Gemeinschaftsgefühl wachsen.

- Vielleicht lässt sich der Raum etwas abdunkeln und das **Licht im Kreis herumgeben**. Alle Kinder bzw. Familien können dann ihren Namen sagen und erzählen, was sie gerne machen, was ihnen heute gefallen hat usw.
- Oder zünden Sie die Kerze an, während Sie eine kleine **Advents- oder Weihnachtsgeschichte vom Licht erzählen**.
- Hier noch eine Anleitung für ein Tischlicht, das einfach herzustellen ist und sehr hübsch aussieht:

Schneiden Sie Goldpapierstreifen aus (5 cm x 7 cm) und kleben es um ein Teelicht herum.

Die Streifen schneiden Sie dann von oben bis zum Teelicht ein und klappen sie nach außen. Der dadurch entstandene Stern wirft einen wunderschönen Lichtschein in Form eines Sternes auf den Tisch bzw. Boden.

- Eine **Tischlaterne aus Tonpapier** gibt einen geheimnisvollen Lichtschein ab (siehe »Der bunte Herbst ist da«, S. 151).

Glocken

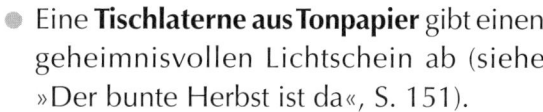

Glocken sind schon wegen ihres Klanges interessant.

- Sammeln Sie doch verschiedene Glöckchen und Schellen und machen Sie ein Spiel: Die Erwachsenen verteilen sich im Raum und haben unter einem Tuch oder in einer Tasche ein **Glöckchen** und läuten nacheinander. Alle Kinder **suchen** daraufhin das jeweilige Glöckchen. Wenn alle Glocken entdeckt worden sind, dürfen die Kinder mit ihnen bimmeln und klingeln, mal laut und dann wieder ganz leise. Alle sind jetzt mucksmäuschenstill – dann geht's wieder los mit lautem Klingelingeling.

- Können wir **im Kreis** eine Glocke herumgeben, ohne dass sie einmal läutet?
- Kleine Glöckchen lassen sich an ein hübsches Geschenkband oder buntes Schuhband knoten und werden zu einem hübschen **Glockenband**. Auch Babys können schon am Arm ein Glockenband tragen und durch Bewegung lustige Töne erzeugen.
- Wie wäre es mit einem **Glöckchentanz**?

Hört ihr alle Glocken läuten

Text: Rolf Krenzer
Musik: Detlev Jöcker

Hört ihr al-le Glo-cken läu-ten? Ding, dong! Ding, dong!

Sagt, was soll es nur be-deu-ten? Ding, dong! Ding, dong!

Bei diesem Lied kann der Refrain immer wieder gesungen werden – als Zwischentext können wir in einfachen Worten Gedanken zu Weihnachten zusammentragen. Einen schönen Schluss gibt es, wenn das letzte »Ding, dong!« irgendwie zum Schlusston führt oder wenn alle weiter »Ding, dong!« singen, immer leiser, immer leiser – bis fast nichts mehr zu hören ist.

Zu diesem Lied gibt es drei weitere Strophen. Wir haben die ersten Strophen dem Buch »Hört ihr alle Glocken läuten« entnommen (Menschenkinder Verlag). Siehe Quellenhinweis, S. 166.

Nüsse

- **In einem Tuch** oder in einer Stofftasche können Nüsse gefühlt und ertastet werden. Wir können Nüsse auch hören, wenn sie aneinander klappern oder auf den Boden fallen.

- Nüsse **in Dosen oder Schachteln** können auch die Sammlung selbst hergestellter Musikinstrumente ergänzen.

- Eine Nusskastagnette entsteht, wenn Sie auf ein Stück Karton zwei Nusshälften kleben und den Karton in der Mitte knicken. Welche Kinder können das Instrument wohl schon in **einer** Hand halten? Erwachsene können es mit Sicherheit! Kinder können die Kastagnetten aber auch mit beiden Händen zusammenklappen!

- Auch ein **weihnachtlicher Kerzenständer** lässt sich sehr hübsch aus Nusshälften gestalten: Auf einem bunt bemalten oder beklebten Bierdeckel wird in der Mitte ein Teelicht oder eine Kerze befestigt und rundherum lauter Nusshälften im Kreis aufgeklebt.

- Etwas ganz Besonderes sind **geheimnisvolle Überraschungsnüsse**. Sie machen allerdings etwas Arbeit und müssen vorher hergestellt werden: Die Walnüsse halbieren, Nusskerne herausnehmen und aufessen, einen schönen Spruch zur Herbst- bzw. Adventszeit auf sehr dünnes Papier schreiben (sehr gut eignet sich hierfür Zigarettenpapier ...), zusammenfalten, in eine Nusshälfte legen und beide Nusshälften zusammenkleben. Die Nüsse eventuell vergolden und dann in eine schöne Schale legen.

Sollen die Nüsse aufgehängt werden, muss vor dem Zusammenkleben ein Faden eingelegt werden.

Zum Abschied dürfen sich Kinder und Erwachsene eine geheimnisvolle Überraschungsnuss auswählen und mit nach Hause nehmen. Was da wohl drin ist?

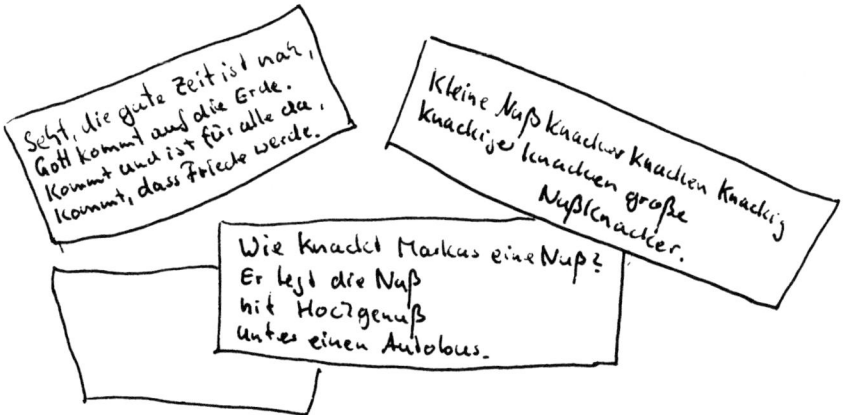

Sonstiges

- Einmalige **Weihnachtskarten** und weihnachtliches **Geschenkpapier** können Sie mit den Kindern zusammen selbst gestalten (siehe auch Kapitel »Wie fange ich es an?«).
  Schneiden Sie aus »Kindergemälden« (die eigens für diesen Zweck erstellt werden oder aus »alten« Exemplaren) Sterne oder Tannenbäume aus und kleben Sie sie auf zurechtgeschnittenes Tonpapier.

- **Plätzchen** zu **backen** (erst den Teig zu kneten und später natürlich die fertigen Plätzchen aufzuessen), macht den Kindern Spaß! Kleine Schürzen oder alte T-Shirts nicht vergessen!

- Plätzchen lassen sich auch aus Salzteig oder Knete ausstechen, werden dann getrocknet, angemalt und **als Geschenkanhänger** oder **als Baumschmuck** verwendet.
  Für die **Knete** brauchen Sie: 400 g Mehl und 200 g Salz. Beides vermischen. Dann 3/8 l Wasser zum Kochen bringen und 4 Teelöffel Alaun/Alumen (aus der Apotheke) darin auflösen (eventuell auch Lebensmittelfarbe, wenn die Knete farbig werden soll). Das Wasser in den Teig gießen und mit einem Rührgerät durchkneten. 2 Esslöffel Öl dazugeben und zum Schluss mit der Hand noch einmal kneten. Hierbei geben Sie eventuell noch etwas Wasser oder Mehl hinzu, bis der Teig sich schön geschmeidig anfühlt.

- Manche Kinder fädeln gern. Hier eine Anleitung für **Strohketten**: Goldpapierreste (ca. 2 x 2 cm) und Bastelstroh (das Sie im nassen Zustand ca. 2 cm lang abschneiden) auf eine Nadel mit Faden fädeln. Auf diese Weise lassen sich wunderschöne Advents- oder Weihnachtsketten basteln.

- **Duftorangen oder -mandarinen** zum Schnuppern für alle: Mandarinen haben eine dünnere Schale und können auch von kleineren Kindern schon mit Nelken bespickt werden (Mandarinen schimmeln allerdings leichter). Eine Schnupperrunde bei Kerzenschein stimmt große und kleine Leute schon auf die Advents- und Weihnachtszeit ein.

- **»Es klopft bei Wanja in der Nacht«** (siehe Anhang) ist eine wunderschöne, von Reinhard Michl gemalte und Tilde Michels erzählte Wintergeschichte. Der Hase, der Fuchs und der Bär, die normalerweise Angst voreinander haben, übernachten zusammen bei Wanja in einem Raum, weil es draußen sehr kalt ist und es stürmt und schneit: »Sie

haben wirklich diese Nacht gemeinsam zugebracht – was so ein Schneesturm alles macht.«

- »**Jesus ist geboren**«: Die Weihnachtsgeschichte in einfachen Worten erzählt mit Bildern von Kees de Kort (siehe Anhang).

Ganz besonders in der »stillen Zeit« gilt: Weniger ist mehr! Setzen Sie sich nicht unter Druck mit Basteleien von aufwendigen Adventskalendern, Weihnachtsgeschenken und Dekorationen. Nehmen Sie sich Zeit ... in erster Linie für die Kinder und für die Familie. Wenn Sie in dieser Zeit zusammen singen, basteln, Geschichten erzählen, ist es wunderbar ...

Machen Sie den ganzen Weihnachtsrummel nicht mit. Genießen Sie es, nichts zu tun, eine Tasse Tee zu trinken und eine Kerze anzuzünden.

Anhang

Liedverzeichnis

Literaturverzeichnis

Eltern–Kind–Arbeit

Brigitte Wilmes-Mielenhausen: Kursbuch Eltern-Kind-Gruppen. Herder Verlag, Freiburg 1994

Leben mit Kindern

Catharina Aanderud: Die Gesellschaft verstößt ihre Kinder. Werteverlust und Erziehung. Kabel Verlag, Hamburg 1995
Gabriele Haug-Schnabel: Einnässen, ein Hilferuf. Ravensburger Buchverlag, Ravensburg 1993

Der Jahreslauf

Renate und Daniel Ferrari (Hrsg.): mobile-Jahrbuch. Mit Kindern durch das Jahr. Herder Verlag, Freiburg 1995
M. Petra Heidler (Orden Sankt Benediktinerinnen): Mit Kindern Brauchtum pflegen und Feste feiern. Frauenchiemsee 1988 (Dieses Skript ist nur über die Klosterbuchhandlung des Klosters Frauenchiemsee auf der Fraueninsel/Chiemsee zu beziehen).
Reinhild Heuer: Mit Spiel und Spaß durch's Jahr. Vehling Verlagsbuchhandlung, Werl
Monika Hofmann/Veronika Kreß/Gabriele Siegel: Blättertanz und Schneegestöber. Mein erstes Mitmach-Bilderbuch zur Herbst- und Winterzeit. Kösel-Verlag, München 1998
Christiane Kutik und Eva M. Ott-Heidmann: Das Jahreszeitenbuch. Verlag Freies Geistesleben, Stuttgart 1991 (7. Auflage)
mobile. Zeitschrift für junge Eltern. Herder Verlag, Freiburg (erscheint achtmal jährlich)
Elke Schuster: Zwergenstübchen. Jahrbuch, Vehling Verlagsbuchhandlung, Werl

Spiele und Lieder mit kleinen Kindern

Marga Arndt: Das ist der Daumen Knudeldick. Fingerspiele und Rätsel. Herausgegeben von Waltraut Singer. Ravensburger Buchverlag, Ravensburg 1997 (13. Auflage)
Marianne Austermann und Gesa Wohlleben: Die pfiffige Murmelbahn. Fröhliche Spiele mit kleinen Kindern. Kösel-Verlag, München 1997 (5. Auflage)
Wolfgang Bort und Marlies Beermann: Mini-Spielkartei. Spiele für 2-6jährige Kinder und die dazugehörigen Erwachsenen. Herausgegeben von der Spiel- und Kulturwerkstatt Rhinozeros. Ökotopia Spielevertrieb, Münster 1996 (7. Auflage)
Gela Brüggebors: Körperspiele für die Seele. 312 mal Bewegung, Entspannung, Energie. Anregungen zur Psychomotorik. Rowohlt Taschenbuch Verlag, Reinbek bei Hamburg 1989
Anne B. Münchmeier: Spielen mit Kleinkindern und Babys. Ideen – Anregungen – Spielzeug im Test. Rowohlt Taschenbuch Verlag, Reinbek bei Hamburg 1984
Raimund Pousset: Fingerspiele und andere Kinkerlitzchen. Spiel-Lust mit kleinen Kindern. Rowohlt Taschenbuchverlag, Reinbek bei Hamburg 1983

Mit allen Sinnen die Welt erobern

Norbert Landa: Mit allen Sinnen. Basteln, Spielen, die Sinne entdecken. Christopherus Verlag, Freiburg 1998 (5. Auflage)
Ursula Ritter: Spiele mit Hand und Fuß. Was Finger und Zehen alles können. Mit Vorlagen. Christopherus Verlag, Freiburg 1996
Gabriele Roß und Ulla Häusler: Kinder erleben die Sinne. Spielerisch – Pädagogisch – Kreativ. Pattloch Verlag, Augsburg 1995
Barbara Wanderer: Heile, heile Segen. Massagen für Ihr Kind. Kösel-Verlag, München 1997 (2. Auflage)

Horch mal – da klingt ja was!

Gerda Bächli: Der Tausendfüßler. Musikverlag zum
  Pelikan, Zürich
Gerda Bächli: Im Bim-Bam-Bummelzug. Verlag Musik-
  haus Pan AG, Zürich 1988
Gerda Bächli: Zirkus Zottelbär. Verlag Musikhas Pan
  AG, Zürich 1985
Dorothee Kreusch-Jacob: Das Musikbuch für Kinder.
  Ravensburger Buchverlag, Ravensburg 1995 (2. Auf-
  lage)
Dorothee Kreusch-Jacob: Mit Liedern in die Stille.
  Meditieren und Gestalen mit Kindern. Patmos Ver-
  lag, Düsseldorf 1997 (2. Auflage)
Dorothee Kreusch-Jacob und Lisbeth Zwerger: Tanz-
  lieder. Ravensburger Buchverlag, Ravensburg 1993
  (3. Auflage)

Gottes Liebe ist so wunderbar

Arbeitsgruppe Kinderkatechismus (Hrsg.): Erzähl mir
  vom Glauben. Ein Katechismus für Kinder. Güters-
  loher Verlagshaus Gerd Mohn und Verlag Ernst
  Kaufmann, Gütersloh/Lahr 1993 (5. Auflage)
Bibelbilderbuch. 5 Bände. Mit Illustrationen von Kees
  de Kort. (Was uns die Bibel erzählt. Grosse Serie
  40) Deutsche Bibelgesellschaft, Stuttgart 1989
Monika Hofmann, Veronika Kreß und Gabriele Siegel: »Mama, es glockt!« Wie Eltern mit ihren kleinen Kindern Gottesdienst feiern. Tipps und Modelle. Kösel-Verlag, München 1996
Detlev Jöcker und Rolf Krenzer: Wir kleinen Menschenkinder. Neue religiöse Kinderlieder. Menschenkinder Verlag, Münster

Weitere Titel zur Thematik finden Sie unter der Rubrik
»Weihnachten steht vor der Tür«.

Jetzt fängt das schöne Frühjahr an

Eric Carle: Die kleine Raupe Nimmersatt. Gerstenberg
  Verlag, Hildesheim 1992 (9. Auflage)
Wolfgang de Haen: Bei uns im Garten. Ravensburger
  Buchverlag, Ravensburg 1997 (3. Auflage)
Helme Heine: Der Hase mit der roten Nase. Middel-
  hauve Verlag, Köln 1987
Detlev Jöcker und Rolf Krenzer: Lieber Frühling, lie-
  ber Sommer. Neue Lieder, Rätsel, Verse, Bastel-
  vorschläge, Geschichten und lustige Spielideen.
  Menschenkinder Verlag, Münster 1993
Erika Meier-Albert: Ostern auf dem Bauernhof. Bil-
  derbuch mit Guckloch. Ravensburger Buchverlag,
  Ravensburg 1997 (8. Auflage)
Christa Anna Wittke: Tiere gestrickt als Handspiel-
  puppen. Frech Verlag, Stuttgart 1991 (11. Auflage)

Der bunte Herbst ist da

Detlev Jöcker und Rolf Krenzer: Lieber Herbst und lieber Winter. Neue Spiel- und Spaßlieder für drinnen und draußen. Menschenkinder Verlag, Münster 1992

Weihnachten steht vor der Tür

Jesus ist geboren. Mit Bildern von Kees de Kort. (Was
  uns die Bibel erzählt. Große Serie 1). Deutsche
  Bibelgesellschaft, Stuttgart 1967
Detlev Jöcker: Hört ihr alle Glocken läuten. Men-
  schenkinder Verlag, Münster 1993
Erika Meier-Albert: Weihnachtszeit. Ravensburger
  Buchverlag, Ravensburg 1997 (9. Auflage)
Mein Buch vom Heiligen Martin. Pattloch Verlag, Augs-
  burg 1991
Reinhard Michl und Tilde Michels: Es klopft bei Wanja
  in der Nacht. Bilderbuch. Ellermann Verlag, Mün-
  chen 1996 (15. Auflage)

Quellenverzeichnis

Für die Erlaubnis zum Abdruck folgender Lieder und anderer Beiträge danken wir den Autoren und Verlagen:

S. 78: Guten Morgen, liebe Leute. Text: Rolf Krenzer. Musik: Sigfried Fietz. Aus: »Kinder auf dem Erdenstein«, Nr. 074. © ABAKUS Musik Barbara Fietz, Greifenstein.

S. 79: Pitsch und Patsch. Text und Musik: Detlev Jöcker. Aus: »Komm, du kleiner Racker«. Alle Rechte im Menschenkinder Verlag, Münster.

S. 80: Ich schaukel auf dem Wasser. Text: Lore Kleikamp. Musik: Detlev Jöcker. Aus: »1, 2, 3, im Sauseschritt«. Alle Rechte im Menschenkinder Verlag, Münster.

S. 82: Fertig, fertig, Schluss und aus. Aus: Gerda Bächli, »Der Tausendfüssler«. © Musikverlag zum Pelikan. Hug & Co. Musikverlage Zürich.

S. 85: 1, 2, 3 im Sauseschritt. Text: Lore Kleikamp. Musik: Detlev Jöcker. Aus: »1, 2, 3 im Sauseschritt«. Alle Rechte im Menschenkinder Verlag, Münster.

S. 86: Der Biber-Mäuse-Katzen-Flöhe-Hasen-Tanz. Text und Musik: Dorothée Kreusch-Jacob. Aus: »Ich schenk dir einen Regenbogen«. Patmos Verlag, Düsseldorf 1996.

S. 88: Si-Sa-Singemaus. Text: Detlev Jöcker. Musik: Anke und Detlev Jöcker. Aus: »Si-Sa-Singemaus«. Alle Rechte im Menschenkinder Verlag, Münster.

S. 99: Meine Hände sind verschwunden (nach dem Lied: Meine Augen sind verschwunden). Aus: »Die pfiffige Murmelbahn« von Marianne Austermann und Gesa Wohlleben. Kösel-Verlag, 5. Aufl. 1997.

S. 113: Die Fünf-Finger-Musikanten von Dorothée Kreusch-Jacob. Rechte bei der Autorin.

S. 119: Dass Gott sich daran freut. Text: Rolf Krenzer. Musik: Anke Jöcker. Aus: »Wir kleinen Menschenkinder«. Alle Rechte im Menschenkinder Verlag, Münster.

S. 120: Wir fangen an, fröhlich zu sein. Text: Rolf Krenzer. Musik: Detlev Jöcker. Aus: »Viele kleine Leute«. Alle Rechte im Menschenkinder Verlag, Münster.

S. 122: Jesus hat die Kinder lieb. Text: Rolf Krenzer. Musik: Negro Spiritual, traditional. Rechte beim Autor.

S. 125: Es wird nun Frühling in der Welt. Aus: »Mit Spiel und Spaß durchs Jahr«. VEBU-Verlag, Berlin.

S. 128: Beim Sommerfest auf der Wiese. Text: Rolf Krenzer. Musik: Detlev Jöcker. Aus: »Elefantis Liederwiese«. Alle Rechte im Menschenkinder Verlag, Münster.

S. 130: Bunter Paradiesvogel. Aus: »Die pfiffige Murmelbahn« von Marianne Austermann und Gesa Wohlleben. Kösel-Verlag, 5. Aufl. 1997.

S. 132: Manno manno mannomann! Text: Rolf Krenzer. Musik: Detlev Jöcker. Aus: »Denkt euch nur, der Frosch war krank«. Alle Rechte im Menschenkinder Verlag, Münster.

S. 134: Ich bin ein kleines Häschen. Aus: »Mit Spiel und Spaß durchs Jahr«. VEBU-Verlag, Berlin.

S. 138: Karusselfahrt. Aus: »Die pfiffige Murmelbahn« von Marianne Austermann und Gesa Wohlleben. Kösel-Verlag, 5. Aufl. 1997.

S. 142: Im Garten, im Garten. Text: Heinz Beckers. Musik: Detlev Jöcker. Aus: »Denkt euch nur, der Frosch war krank«. Alle Rechte im Menschenkinder Verlag, Münster.

S. 151: Wenn der frische Herbstwind weht. Text: Albert Sixtus. Musik: Richard Rudolf Klein. Aus: »Willkommen, lieber Tag«, Band 1. © Verlag Moritz Diesterweg, Frankfurt am Main.

S. 156: Tragt in die Welt nun ein Licht. Text und Musik: Wolfgang Longardt. © Verlag Ernst Kaufmann, Lahr.

S. 158: Hört ihr alle Glocken läuten? Text: Rolf Krenzer. Musik: Detlev Jöcker. Aus: »Hört ihr alle Glocken läuten«. Rechte im Menschenkinder Verlag, Münster.

In einigen Fällen war es nicht möglich, die genuinen Urheber zu ermitteln. Für den Fall, dass Rechtsansprüche von Autoren oder Verlagen geltend gemacht werden, ist der Verlag dankbar für einen Hinweis.

Das Bilderbuch für alle Krabbelgruppen-Kinder

Monika Hofmann/Gabriele Kreß/Gabriele Siegel
Blättertanz und Schneegestöber
Mein erstes Mitmach-Bilderbuch für Herbst
und Winter mit Geschichten, Liedern,
Fingerspielen und Bastelvorschlägen.
Mit Bildern von Julia Wittkamp.
32 S., durchgehend farbig illustriert.
Geb. ISBN 3-7707-6393-9

Monika Hofmann · Veronika Kreß · Gabriele Siegel
Blättertanz und Schneegestöber
Mein erstes Mitmach-Bilderbuch für Herbst und Winter

Ellermann

ab 2

Dieses erste Bilderbuch ist ein fröhlicher Begleiter durch die Herbst- und Wintermonate. Die liebevollen Illustrationen von Julia Wittkamp und die Texte und Lieder erzählen von den wichtigen Ereignissen im Leben der Kinder in dieser Zeit: Vom Drachen steigen lassen und Laterne gehen, von St. Martin, Nikolaus, Weihnachten und Winterfreuden bis hin zum Fasching. Sie regen dazu an, diese Zeit draußen in der Natur und drinnen im Zimmer ganz bewusst wahrzunehmen und mitzugestalten.

Ellermann Verlag München  online: www.ellermann.de

Krabbelgottesdienste

Monika Hofmann · Veronika Kreß · Gabriele Siegel

»Mama, es glockt!«
Wie Eltern mit ihren kleinen Kindern
Gottesdienst feiern
Tips und Modelle

Kösel

192 S. Zahlr. Fotos, Zeichnungen, Lieder. Kart.
ISBN 3-466-36455-8

✔ **Die neue Initiative:
Mit kleinen Kindern selbständig
Gottesdienste vorbereiten und feiern.**

✔ **Kreative Vorschläge zu biblischen Themen
und verschiedenen Anlässen im Kirchenjahr.**

✔ **Mit Spaß Gottesdienst feiern –
zu Hause, in Familiengruppen,
in der Gemeinde, im Kindergarten.**

Kösel-Verlag München

online: www.koesel.de